beck'sche reihe

länder

bsr

Bergwandern in den Karpaten ist „in“, und die Naturschönheiten der Hohen Tatra sind das Ziel vieler Touristen und Skifahrer. Doch der Weg zu einer funktionierenden parlamentarischen Demokratie ist schwierig, und nach einem kurzen Wirtschaftswunder könnte eine Isolation des Landes erschwerende Auswirkungen auf die weitere wirtschaftliche Entwicklung und die innere Stabilität haben. Das vorliegende Buch schildert die historisch-politische Lage sowie die reichen Entwicklungschancen des wirtschaftlichen und gesellschaftlichen Lebens in diesem uns so nahen, zentraleuropäischen Land.

Susanna Vykoupil, Dr. phil., geb. 1961 in Vítkov (Tschechoslowakei), studierte Slavische Philologie, Romanistik und Germanistik und arbeitet als freiberufliche Autorin, Übersetzerin und Dolmetscherin für Tschechisch, Russisch, Slowakisch und Englisch.

Susanna Vykoupil

Slowakei

Verlag C. H. Beck

Mit 28 Abbildungen und 1 Karte

Die Deutsche Bibliothek – CIP-Einheitsaufnahme

Vykoupil, Susanna:
Slowakei / Susanna Vykoupil. – Orig.-Ausg. – München :
Beck, 1999
(Beck'sche Reihe ; 876 : Länder)
ISBN 3 406 39876 6

Originalausgabe
ISBN 3 406 39876 6

Umschlagentwurf von Groothuis + Malsy, Bremen
Umschlagbilder: Seite 1: Die Zipser Burg (12. Jh.). – Foto: Vladimír Bárta;
Seite 2: Festtracht der Weingemeinde Sebechleby. – Foto: Vladimír Bárta;
Seite 3: Rolandsbrunnen in Bratislava. – Foto: Vladimir Bárta

Gesamtherstellung: Kösel, Kempten
Gedruckt auf alterungsbeständigem, säurefreiem Papier
(hergestellt aus chlorfrei gebleichtem Zellstoff)
Printed in Germany

INHALT

GESCHICHTE

SPRACHE UND KULTUR

ANHANG

DIE UNBEKANNTE SLOWAKEI

Slováci!... Vo tmách večera
či žiar vidíte severa?
To prápor bojov červený –
Zavrhutí ste v krivdy a priepasti;

neznámi, cudzí, vyhnaní – vo vlasti.

Slowaken!... Im Abenddunkel seht
ihr denn den Schein des Nordens?
Das ist die rote Fahne der Kämpfe –
Ihr seid aufgegeben in Unrecht
und in Abgründen;
unbekannt, fremd, verjagt –
in der Heimat.

Aus: Hviezdoslav, *Severné žiare* (Schein des Nordens)

Seit der Auflösung des Warschauer Pakts im Jahr 1989 haben die meisten Reformstaaten wie Polen, Ungarn und Tschechien große Beachtung in der Berichterstattung in den westeuropäischen Staaten gefunden. Sie weckten das Interesse von Investoren und Politikern, von Touristen und Tourismusmanagern. Die am 1. Januar 1993 selbständig gewordene Slowakische Republik jedoch ist bisher ein Stiefkind der Medien geblieben. Bis 1992 war sie nur der wenig beachtete kleinere Teil der Tschechoslowakei gewesen. Seitdem sie die Eigenstaatlichkeit erlangt hat, kam sie fast nur durch die Skandale der Regierung Mečiar in die Schlagzeilen der westlichen Medien.

Für die Interessierten stellt sich eine Fülle von Fragen über dieses einerseits im Herzen Europas liegende und andererseits doch so fern scheinende Land. Da man sich hierzulande immer eher mit der Tschechischen Republik befaßt hat, die mit der deutschen Kultur näher verwachsen ist, liegt – außer ein paar Reiseführern – nur wenig Literatur vor, die sich intensiver mit der Slowakei beschäftigt. Das vorliegende Buch möchte dazu beitragen, das lückenhafte Wissen über die Slowakei etwas aufzufüllen. Es informiert umfassend zu ihrer Bevölkerung, Geschichte, Kultur, Wirtschaft und zu ihren Landschaften. Weiterhin wird auf die neue Situation der Selbständigkeit näher eingegangen und ein Einblick in die komplizierten Verwebungen von Geschichte und Gegenwart gewährt, die hinter mancher Handlungsweise des gerade erst fünf Jahre jungen slowakischen Staates stehen.

Große Schleusenkammer des Wasserkraftwerks Gabčíkovo

POLITIK UND WIRTSCHAFT

Die Slowakei – eine Einführung in ihre Gegenwart

1. Januar 1993: Eigenstaatlichkeit für die Slowakische Republik

Die Teilung der Tschechoslowakischen Föderativen Republik *(ČSFR)* in zwei unabhängige Staaten am 1. 1. 1993 bedeutete – die Pseudoeigenständigkeit während des Zweiten Weltkriegs ausgenommen – die erste Eigenstaatlichkeit der Slowakei. Sie war der Kulminationspunkt eines Prozesses, der sich nach dem politischen Umbruch 1989 vollzog und tieferliegende historische Gründe hat. Ermöglicht wurde sie dadurch, daß nach 1989 über einen Zeitraum von mehr als zwei Jahren wichtige föderative Kompetenzen zunehmend auf die Ebene der beiden Republiken verlagert wurden und das tschechoslowakische Verfassungsrecht grundsätzlich die Möglichkeit einer Auflösung der Föderation vorsah.

Einen weiteren Schritt zur Trennung bildete der Ausgang der zweiten freien Wahlen nach dem Fall des kommunistischen Regimes am 5./6. 6. 1992. In der Tschechischen Republik ging die aus dem rechten Flügel des Bürgerforums gegründete Demokratische Bürgerpartei *(Občanská demokratická strana, ODS)* unter der Führung des früheren Finanzministers Václav Klaus als Sieger hervor. In der Slowakischen Republik konnte die im April 1991 von der Öffentlichkeit gegen Gewalt *(Verejnosť proti násiliu, VPN)* abgespaltene Bewegung für eine Demokratische Slowakei *(Hnutie za demokratické Slovensko, HZDS)* unter dem ehemaligen slowakischen Ministerpräsidenten Vladimír Mečiar die Wahlen für sich entscheiden. Beide Parteien erreichten etwa 33% der Stimmen.

Mit den beiden Politikern Mečiar und Klaus prallten zwei gegensätzliche wirtschaftspolitische Vorstellungen aufeinander. Während Klaus den Übergang zur freien Marktwirtschaft und die Privatisierung so schnell wie möglich vorantreiben wollte, war Mečiar von einer allmählichen Transformation überzeugt. Die Differenzen führten in der Folgezeit zu solch massiven Spannungen, daß die Pläne zur Spaltung des Landes in zwei unabhängige Staaten schließlich konkrete Formen annahmen. Im Juli 1992 vereinbarten Mečiar und Klaus bei einem Treffen in Bratislava die Auflösung der ČSFR zum 1. 1. 1993. Die Bundesversammlung verabschiedete noch ein entsprechendes Verfassungsgesetz sowie einzelne Abkommen zum Verhältnis der beiden zukünftigen Staaten. Am 17. 7. 1992 wurde die Souveränität der Slowakischen Republik durch den Nationalrat verkündet. Zum 3. 9. 1992 trat die zwei Tage vorher verabschiedete slowakische Verfassung in Kraft, und mit Beginn des folgenden Jahres wurde die Slowakische Republik ein eigener Staat.

Diese Entscheidung fällten nicht etwa die tschechischen und slowakischen Bürger, sondern allein die Politiker. Ein zuvor leise vorgebrachter Vorschlag, über diese Frage ein Referendum abzuhalten, wurde im Parlament abgelehnt.

Das politische System

Die Slowakei ist eine souveräne, demokratisch-parlamentarische Republik. Das einzige verfassungs- und gesetzgebende Organ ist das slowakische Parlament, Nationalrat der Slowakischen Republik *(NR SR)* genannt. Es besteht aus 150 Abgeordneten und wird in allgemeiner, gleicher, direkter und geheimer Wahl jeweils für einen Zeitraum von vier Jahren gewählt. Eine Partei oder ein Bündnis von Parteien muß jedoch, ähnlich wie bei den Bundes- oder Landtagswahlen in der Bundesrepublik, mindestens 5% aller bei einer Parlamentswahl abgegebenen Stimmen erreichen, um in den Nationalrat einzuziehen. Einfache Gesetze können bei Anwesenheit von mehr als der Hälfte der Abgeordneten mit der Mehrheit der Stimmen der Anwesenden beschlossen werden. Zur Verabschiedung von Verfassungsgesetzen und zur Wahl des Präsidenten ist eine Dreifünftelmehrheit aller Abgeordneten erforderlich, zur Zeit: 90 der 150 Stimmen des Nationalrats.

Der Präsident der Slowakischen Republik wird in geheimer Abstimmung für die Dauer von fünf Jahren gewählt. Er vertritt den Staat nach außen, schließt internationale Vereinbarungen ab und ratifiziert sie. Der Präsident ernennt den Ministerpräsidenten, er muß dabei jedoch die Mehrheitsverhältnisse im Parlament berücksichtigen. Ferner hat er den Oberbefehl über die Streitkräfte, ist befugt, Amnestien zu verkünden, Strafverfahren einzustellen und den Ausnahmezustand auszurufen. Verglichen mit den

Kompetenzen des Regierungschefs ist das Amt des Präsidenten jedoch deutlich kompetenzärmer.

Der Ministerpräsident kann durch ein Mißtrauensvotum vom Parlament abgewählt werden. Das höchste Organ der Exekutive ist die Regierung.

Die politischen Parteien

Bis 1989 spielte die kommunistische Partei die allesbestimmende Rolle. Nach der Auflösung des Warschauer Pakts konnten neue Parteien entstehen und politischen Einfluß ausüben. Bis 1996 wurden in der Slowakei 43 politische Parteien gegründet, von denen 14 selbständig oder als Wahlkoalition ins Parlament eingezogen sind. Ein slowakischer Witz kommentiert die hohe Zahl der Parteiengründungen: Wenn sich drei Slowaken zum Bier zusammensetzen, dann gründen sie gleich eine neue Partei.

Nach der Eigenstaatlichkeit der Slowakei bis zu den Wahlen im September 1998 dominierte im politischen Leben der Slowakei die Bewegung für eine Demokratische Slowakei *(HZDS)*, eine Bewegung, die ein breites Spektrum abdeckt und mit ihrem populistischen Vorsitzenden Vladimír Mečiar einen großen Teil der Bevölkerung anspricht. Im Parlament erhielt sie bei den Wahlen 1994 im Vergleich zu den anderen Parteien die dreifache Anzahl von Sitzen (34,94% der Stimmen). Bis zu den Parlamentswahlen im September 1998 bildete sie die Regierung zusammen mit zwei weiteren Parteien: mit der altkommunistischen Arbeitervereinigung der Slowakei *(Združenie robotníkov Slovenska, ZRS)* und der nationalistischen Slowakischen Nationalpartei *(Slovenská národná strana, SNS)*. Bei den Wahlen 1998 allerdings reduzierte sich ihre Wählerschaft auf 27%.

Obgleich die *HZDS* nach den Wahlen die stärkste Partei geblieben ist, zwangen sie die vier folgenden zusammengeschlossenen Parteien in die Opposition: die Slowakische Demokratische Koalition *(Slovenská demokratická koalícia, SDK*, 26,3%), die Partei der Demokratischen Linken *(Strana demokratickej l'avice, SDL'*, 14,6%), die Partei der Ungarischen Koalition *(Strana mad'arskej koalície, SMK*, darin auch die Bewegung Együttélés, 9,1%) und die Partei für Bürgerliche Eintracht *(Strana občianskeho porozumenia, SOP*, 8%). Erstmalig ist die ungarische Min-

Die Bewegung für eine demokratische Slowakei (HZDS)

Hnutie za demokratické Slovensko ist aus der Bewegung Öffentlichkeit gegen Gewalt *(Verejnost' proti násiliu)*, der slowakischen Entsprechung zum tschechischen Bürgerforum, hervorgegangen. Beide Vereinigungen haben die „samtene" Revolution entscheidend beeinflußt. Sie sahen sich nicht als Parteien im eigentlichen Sinne, sondern vereinten eine Vielzahl von Strömungen. Daher war eine Aufspaltung nach Erreichung des gesteckten Ziels, der Absetzung der kommunistischen Regierung, nur folgerichtig. Das Bürgerforum teilte sich 1991 in drei Parteien, und von der Öffentlichkeit gegen Gewalt spaltete sich ein nationalistischer Flügel unter Vladimír Mečiar als Bewegung für eine Demokratische Slowakei ab. Bei den Wahlen im Juni 1992 wurde die *HZDS* zur stärksten Partei in der Slowakischen Republik. Die ursprüngliche Bewegung Öffentlichkeit gegen Gewalt hat sich kurze Zeit später in Demokratische Bürgerunion *(Občanská demokratická únia)* umbenannt, spielt aber keine wesentliche Rolle im politischen Leben der Slowakei.

derheit in der Regierung vertreten, die mit 93 von 150 Sitzen eine stabile Mehrheit verspricht.

Der 43jährige Vorsitzende der *SDK*, Mikuláš Dzurinda, löste nach diesen Wahlen Vladimír Mečiar als Ministerpräsidenten ab. Die *SDK* selbst ist im Frühjahr 1998 durch den Zusammenschluß von fünf Oppositionsparteien entstanden. Dzurinda gilt als dynamisch, pragmatisch und machtorientiert, war lange Zeit in der Christdemokratischen Bewegung tätig und 1994 kurzfristig Verkehrsminister. Diese sehr heterogene neue Regierung, die sowohl links *(SDL')* als auch rechts *(SMK)* orientierte Parteien zu vereinen sucht, möchte vor allem den Anschluß an Europa und den Eintritt in die EU erreichen. In vielen Bereichen, so auch in der Atomkraft, setzt man nun auf Umdenken.

Kampf um Demokratie

Die Slowakei hat in ihren Anfängen als souveräner Staat mit verschiedenen politischen Problemen zu kämpfen, die zudem auch ihr Ansehen im Ausland belasten. Diese Probleme waren zumeist mit dem autoritären Führungsstil von Regierungschef Mečiar und mit der Betonung der nationalen vor den demokratischen Prinzipien bei politischen Handlungsweisen verbunden. Besonders die *HZDS* versuchte immer wieder, die demokratischen Regeln neu zu definieren, Verfassungsänderungen vorzunehmen oder sich informeller statt demokratisch-formeller Regeln zu bedienen. Dies widerspricht den demokratischen Strukturen nach westeuropäischem Verständnis.

Konkret betrifft die Kritik vor allem die Günstlingswirtschaft Mečiars, den Verlauf der Privatisierung sowie die Verschärfung des Strafrechts im Frühjahr 1996. So wird moniert, mit Mečiar sei auch eine in der alten Nomenklatura verwurzelte Clique an die Macht gekommen. 1995 sollen 4000 Führungskräfte in Wirtschaft und Verwaltung durch Gefolgsleute Mečiars ersetzt worden sein.

Das Land ist daher von zahlreichen Seiten der Kritik ausgesetzt. Jedoch haben die Parlamentswahlen 1998 gezeigt, daß der Führungsstil der Regierung Mečiar von den Bürgern nicht mehr mitgetragen wurde.

Titelbild der regierungskritischen tschechischen Zeitung Respekt vom 13.7. 98. Vladimír Mečiar dient hier nur als Symbol, sein schlechter Ruf als Politiker wird auf die beiden als undemokratisch und korrupt bezeichneten tschechischen Politiker Václav Klaus und Miloš Zeman übertragen.

Vladimír Mečiar (geb. 1942)

Vladimír Mečiar machte bereits in den 60er Jahren als Funktionär des Tschechoslowakischen Jugendverbands *ČSM* Karriere. 1970 aus der kommunistischen Partei ausgeschlossen, war er zunächst im Stahlwerk in Dubnica in der Nordwestslowakei beschäftigt und studierte gleichzeitig Jura. Nach dem Abschluß seines Studiums 1973 war er bis 1990 Referent, dann Anwalt einer Firma in Nemšová. 1989 engagierte er sich in der Bewegung Öffentlichkeit gegen Gewalt und amtierte Januar bis Juni 1990 als Innenminister der Slowakischen Republik. Anschließend war er Abgeordneter in der Kammer der Nationen der Föderativen Versammlung *(SN FS)* und (bis März 1991) Ministerpräsident der Slowakischen Republik. Unter seiner Führung spaltete sich die autoritäre nationalistische Fraktion der Öffentlichkeit gegen Gewalt ab, die sich fortan Bewegung für eine Demokratische Slowakei *(HZDS)* nannte. Im April 1991 wurde Mečiar vom Slowakischen Nationalrat aus seiner Funktion als Ministerpräsident entlassen. Trotz des Vorwurfs, er sei für den Staatssicherheitsdienst tätig gewesen, blieb er unumstrittener Führer der *HZDS* und wurde nach dem Wahlsieg seiner Partei im Juni 1992 erneut Ministerpräsident der Slowakei. Im März 1994 erklärte das Parlament Mečiar das Mißtrauen, bereits im November 1994, nach gewonnenen Wahlen, war er zum dritten Mal Ministerpräsident. Die Wahlen 1998 konnte er allerdings nicht mehr für sich entscheiden.

Regierungskrise und Wahlgulasch

Obwohl das parlamentarische System der Slowakei dem der Bundesrepublik Deutschland ähnelt und in sich schlüssig konstruiert erscheint, ermöglichte es seit März 1998 etwa ein Jahr lang eine paradoxe Konstellation: Die Slowakei wurde ohne Staatsoberhaupt regiert. Seitdem die Amtszeit des ehemaligen und von V. Mečiar oft angefeindeten Präsidenten Michal Kováč abelaufen ist, konnten sich Regierung und Opposition nicht auf einen gemeinsamen Präsidenten einigen. Trotz mehrerer Wahlversuche kam bis zum Herbst kein Kandidat über die erforderliche Dreifünftelmehrheit von 90 Stimmen, weshalb über eine Verfassungsänderung diskutiert wurde: Der Präsident solle künftig vom Volk gewählt werden, was nach Meinungsumfragen auch die Mehrheit der Bevölkerung befürwortete. Die neue Regierung Dzurinda reagierte denn auch prompt und änderte die Verfassung zugun-

Der schärfste Kritiker Mečiars: der frühere Präsident Michal Kováč

Auch Michal Kováč kam ursprünglich von der *HZDS*. Jedoch hat der ehemalige Präsident seinerzeit mit dazu beigetragen, daß Mečiars zweites Kabinett seine Mehrheit verlor. Das Parlament hatte Mečiar im Frühjahr 1994 („Märzputsch") das Mißtrauen ausgesprochen, nachdem er schon monatelang keine parlamentarische Mehrheit mehr besessen hatte. Ausschlaggebend für das Mißtrauensvotum war eine Rede des Präsidenten Kováč gewesen, der das Demokratieverständnis Mečiars kritisiert hatte. Mečiar hat dies offenbar nie verwinden können. Persönliche Rache war bei den jahrelangen Kampagnen gegen Kováč mit im Spiel. Im Mai 1995 beispielsweise strebte Mečiar ein Amtsenthebungsverfahren gegen Kováč an, wobei er die erforderliche Zweidrittelmehrheit im Parlament um 20 Stimmen verpaßte.

sten der Direktwahl, die erstmalig im März 1999 stattfindet. Zur Wahl stellen sich vier Kandidaten, darunter der frühere Präsident Michal Kováč sowie – kaum überraschend – Vladimír Mečiar.

Während sich die Gemüter auf hoher Ebene angesichts der Wahlen 1998 und der vielen Probleme erhitzten, kommentierten viele Slowaken dies lapidar mit „Die kochen doch nur ihr Wahlgulasch".

Blick auf die Europäische Union

Die geschilderten innenpolitischen Probleme blieben natürlich nicht ohne Folge für die Verhandlungen über die Aufnahme der Slowakei in die NATO und die EU.

1999, zum 50. Geburtstag der Allianz, sollen die ersten Länder unter den neuen Partnern der NATO in Mittelosteuropa Vollmitglieder des Bündnisses werden. Die in Frage kommenden Staaten wurden auf dem NATO-Gipfel am 8. und 9. 7. 1997 in Madrid genannt. Die Slowakei war jedoch nicht darunter, da sie nicht zu den als in ihren Reformbemühungen am weitesten fortgeschritten eingeschätzten Ländern wie Polen, Tschechische Republik und Ungarn gehörte. Von den wirtschaftlichen Gegebenheiten hätte sie ganz gute Chancen haben können, unter den ersten in die EU aufgenommenen Staaten zu sein, hat sie doch ein relativ hohes Wirtschaftswachstum zu verzeichnen. Es ist in der Tat der oft genug kritisierte langsame Demokratisierungsprozeß, der ihre Ausrichtung nach Westen hemmte.

Die Bestrebungen der neuen Regierung Dzurinda, sich der EU zu öffnen, stoßen jedoch auf positive Resonanz, so daß die Slowakei bald zu den in die EU aufgenommenen Staaten gehören könnte. Nicht zufällig galten die ersten Besuche des Regierungschefs Brüssel und Wien.

Während die meisten Slowaken (70%) den EU-Beitritt befürworten oder ihm zumindest gleichgültig gegenüberstehen, trifft man unter den Nationalisten bisweilen auch auf eine distanzierte Haltung gegenüber Westeuropa. Es handelt sich dabei um einen historisch bedingten Abwehrreflex einer Nation, die tausend Jahre lang den Ungarn und dann in diesem Jahrhundert den Tschechen unterstand. Die Befürchtung, es sei diesmal Westeuropa, das die kleine Slowakei beherrschen wolle, bleibt zwar auch so abwegig, sie ist aber vor diesem Hintergrund verständlicher.

Das Verhältnis zu den Nachbarn

Die Slowakei hat gemeinsame Grenzen mit Tschechien im Westen (265 km), Österreich im Südwesten (127 km), Ungarn im Süden (679 km), der Ukraine im Osten (98 km) und mit Polen im Norden (598 km). Während das Verhältnis zu den meisten ehemaligen sozialistischen Bruderstaaten im großen und ganzen traditionell auf gegenseitiger Unterstützung und Akzeptanz beruht, sind die politischen Beziehungen zu Tschechien, Österreich und besonders zu Ungarn teilweise problembeladen.

Die Gefühle für den ehemaligen Bruder Tschechien sind trotz der Versprechungen beider Regierungen Anfang 1993, ein „besonderes Verhältnis" untereinander zu erhalten, mittlerweile etwas abgekühlt. Einerseits funktioniert die wirtschaftliche Zusammenarbeit gut, andererseits aber gibt es deutliche Differenzen bezüglich des gemeinsamen Nachlasses. So ist beispielsweise der Grenzverlauf in manchen Gebieten, wie in den Beskiden, noch nicht ganz geklärt. Ein vor allem finanzielles Problem bilden die gemeinsamen Energieversorgungsleitungen, die getrennt werden müssen. Alles in allem genießt man in der Slowakei jedoch, daß man endlich auf gleichwertiger Basis zusammenkommt. Und die Tschechische Republik bekundet auch weiterhin, wie im übrigen auch Polen, ihr großes Interesse an einem baldigen EU-Beitritt der Slowakei.

Das heutige Verhältnis zu Ungarn ist vor allem durch endlose Diskussionen über die Lage der ungarischen Minderheit in der Slowakei sowie über das Wasserkraftwerk Gabčíkovo geprägt. Nach wie vor belastend wirken dazu die mehr als tausendjährige Einverleibung der Slowakei und die rigide Madjarisierungspolitik im 19. Jahrhundert.

Die Beziehungen zu Österreich sind weniger durch die Geschichte getrübt als vielmehr durch die Auseinandersetzung um das slowakische Kernkraftwerk Mochovce, das im Juli 1998 ans Netz gegangen ist. Österreich, das selbst völlig auf Atomkraft verzichtet, sieht große Sicherheitsmängel vorliegen und macht von der Lösung dieses Problems seine weitere Unterstützung der Slowakei in EU-Belangen abhängig.

Wirtschaft im Wandel

Die slowakische Industrie

Die gegenwärtige Wirtschaftsstruktur der Slowakischen Republik ist, verglichen mit der Situation in der Tschechischen Republik, durch einige historische Besonderheiten vorbelastet. Zum Zeitpunkt der Ausrufung der Tschechoslowakischen Republik am 28. Oktober 1918 verfügten die tschechischen Länder bereits über eine relativ hoch entwickelte Industrie und Landwirtschaft, während die bis dahin überwiegend landwirtschaftlich ausgerichtete Slowakei ein rückständiges Wirtschaftsgebiet darstellte. Abgesehen von der traditionell gut entwickelten Lebensmittelindustrie sowie der Holz- und Zellstoffindustrie war eine ganze Reihe von Wirtschaftszweigen lange Zeit im slowakischen Staatsteil überhaupt nicht vertreten. Die Industrialisierung der Slowakei begann erst nach der Machtergreifung der Kommunisten im Jahr 1948, wobei der Industrialisierungsprozeß schnell vorangetrieben werden konnte. Von 1948 bis 1990 hat sich die Industrieproduktion in der Slowakei fast um das 33fache erhöht, in Tschechien lag die Erhöhung hingegen beim 12fachen.

Zu der bestehenden Nahrungsmittel- und holzverarbeitenden Industrie traten die energie- und rohstoffintensiven Bereiche Metallurgie, Rüstungsindustrie, Energiewirtschaft und chemische

Industrie. Sie waren allerdings stark von den Lieferungen aus der UdSSR abhängig. Die Wirtschaftsstruktur des Landes wurde auf diese Weise gänzlich den Bedürfnissen des RGW (Rat für gegenseitige Wirtschaftshilfe = COMECON) untergeordnet. Ende der 80er Jahre waren 60% der Rüstungsbetriebe der ehemaligen Tschechoslowakei in der Slowakei konzentriert. Die Slowakei galt als Waffenschmiede des Warschauer Pakts. An der eigenen Industrieproduktion hatte die Schwer- und Rüstungsindustrie sogar einen Anteil von 70%.

Die Ostslowakischen Eisenwerke – bald der „Krupp Ostmitteleuropas"?

Die kommunistische Führung verfolgte das Ziel, in der Ostslowakei eine Industrieregion aufzubauen. Im Gebiet von Košice (Kaschau) wurde deshalb 1959 das riesige Eisenhüttenkombinat *Východo-Slovenské Železiarne (VSŽ,* Ostslowakische Eisenhüttenwerke) errichtet. Da es in diesem Gebiet an Wasser und Eisenerzen mangelte, verarbeitete man ukrainische, aus dem 100 km entfernten Užgorod stammende Erze und bezog Kohle aus dem nordmährischen Ostrava. Dieses Unterfangen diente vor allem den wirtschaftlichen Interessen der Sowjetunion. Es veränderte allerdings die ökologische Struktur des Bezirks und verwüstete fruchtbare landwirtschaftliche Nutzflächen. Heute sind die Eisenhüttenwerke mit einem konsolidierten Umsatz von 2,4 Mrd. DM bei fast 26000 Mitarbeitern in über 110 Beteiligungsfirmen die mit Abstand bedeutendste Industriegruppe der Slowakei (1996). Sie sind mit einem Anteil von 20% an den Gesamtexporten der größte Devisenbringer des Landes. 1996 produzierten die Werke 3,4 Mio. t Stahlerzeugnisse, fast ausschließlich Flachwalzprodukte und zu 81% für den Export. Der wichtigste Abnehmer ist Tschechien, gefolgt von den Deutschen.

Die VSŽ tragen 9% zum slowakischen BIP bei und sind auch der größte private Arbeitgeber der Slowakei. 1998 will man mit der Montage von Kraftfahrzeugen beginnen. Im internationalen Vergleich sind die VSŽ zwar nur ein Stahlunternehmen mittlerer Größe, jedoch verfolgen die Kaschauer den ehrgeizigen Plan, zum „Krupp Ostmitteleuropas" zu werden. Bei weitgehend konstanter Stahlproduktion soll in den kommenden Jahren der Anteil hochwertiger (beschichteter) Erzeugnisse systematisch gesteigert und die Anlage vergrößert werden. Die Suche nach Kreditgebern hierfür ist allerdings schwierig.

Der Zusammenbruch der sozialistischen Planwirtschaft konnte also nicht ohne weitreichende Folgen bleiben. Und tatsächlich ging die Industrieproduktion der Slowakei 1994 auf 39% des BIP gegenüber 61% 1991 zurück. Dies war eine Folge des Wegfalls des sowjetischen Absatzmarktes, der plötzlichen Einstellung der Rüstungsproduktion und der mit Einführung der Marktwirtschaft in Angriff genommenen Privatisierung. In den folgenden Jahren konnte die Industrie sich jedoch wieder erholen.

Eine Altlast, mit der die Slowakei auch weiterhin zu kämpfen haben wird, besteht darin, daß 80% der slowakischen Produkte bisher Vor- und Halbfabrikate waren, die zur Weiterverarbeitung hauptsächlich nach Tschechien geliefert wurden. Auch die starke Orientierung auf den Handel mit den osteuropäischen Ländern hat immer noch Folgen: Sie hemmte lange Zeit die strukturelle Entwicklung der Slowakei und hielt das technische Niveau der hergestellten Produkte niedrig.

Mit einem Anteil von 15% an der gesamten Industrieproduktion gehört die Nahrungsmittelindustrie zu den traditionell führenden Branchen der slowakischen Wirtschaft. Der slowakische Nahrungsmittelsektor besteht aus unzähligen Kleinunternehmen. Grundlage dieser Industrie ist die Landwirtschaft, die heute noch 10% des BIP ausmacht.

Ein vergleichbar wichtiger Sektor ist die chemische Industrie. Die meisten chemischen Fabriken befinden sich in der Umgebung von Bratislava. Hergestellt werden Farben, Lacke, Plastik, Gummi, Sprengstoff und petrochemische Produkte, mittlerweile zum Teil in Zusammenarbeit mit ausländischen Chemieunternehmen. Vor allem auf dem Erdöl- und Erdgassektor sind größere Projekte im Entstehen. Führend sind die Unternehmen Slovnaft und Transpetrol, der slowakische Ableger eines ehemals tschechoslowakischen Unternehmens. Aus der Zeit des Kommunismus verfügt die Slowakei über Erdölleitungen, die in Zusammenarbeit mit der UdSSR gelegt wurden. Die Geschäftsführung des staatlichen Elektrizitätsversorgungsunternehmens Slovenské Elektrárne setzt darauf, daß die Slowakische Republik dank ihrer Mittellage zwischen Ost und West künftig zu einem wichtigen Transitland für petrochemische Produkte wird.

Der Maschinenbau ist der drittstärkste Industriezweig der Slowakei. Er hat durch den Reformprozeß mit Strukturproblemen zu kämpfen, vor allem im Bereich der Konsumgüterproduktion (Herstellung von Kühl- und Gefrierschränken, Waschmaschinen, Armaturen und Medizintechnik) sind aber schon gute Fortschritte erzielt worden.

Die Textilindustrie umfaßt etwa 7% der slowakischen Industrie und hat mittlerweile die Probleme durch die Teilung des Landes überwunden. Diese waren vor allem durch die Abkoppelung der bis dahin zentral von Prag gesteuerten Exporte, den Zusammenbruch der östlichen Absatzmärkte und einen schrumpfenden inländischen Marktanteil ausgelöst wurden.

Der Anteil der Bereiche Elektrotechnik und Elektronik an der gesamten Industrieproduktion hat sich in den letzten Jahren kontinuierlich von rund 6% auf nur noch 4% verringert. Aufgrund veralteter Technologien ist der Modernisierungsbedarf in diesem Bereich beträchtlich.

Im Bergbau liegen die Prioritäten der slowakischen Regierung in zwei Bereichen: Angestrebt werden zum einen der beschleunigte

Die Hauptstadt Bratislava als Wirtschaftsstandort

Vor allem die Lage der Hauptstadt der Slowakischen Republik macht sie zu einem attraktiven Industriestandort, liegt sie doch am Zusammenfluß von Donau und Morava und an den Grenzen zu Österreich, Ungarn und der Tschechischen Republik. Früher kreuzten sich hier eine Bernstein- und eine Salzstraße. Die heute gut entwickelte Chemie-, Elektro-, Gummiwaren-, Nahrungsmittel-, Maschinenbau- und Metallverarbeitungsindustrie macht Bratislava zur wirtschaftlich bedeutendsten Stadt der Slowakei.

Bratislava ist aber auch Sitz der wichtigsten politischen, wirtschaftlichen, gesellschaftlichen und wissenschaftlichen Zentralbehörden und Institutionen des Landes sowie zahlreicher Mittel- und Hochschulen. Auch die Bankenzentralen, Börsen, Versicherungen und Sparkassen sind hier angesiedelt, so daß Bratislava zum Zentrum des sich rasch entwickelnden Finanzsektors in der Slowakischen Republik avancierte.

Weitere Standortvorteile sind: gute Eisenbahn- und Straßenverbindungen mit dem In- und Ausland, der Donauhafen, ein Flughafen, der Endpunkt der russischen Erdölleitung Družba, dazu die in der Nähe liegenden Kernkraftwerke sowie das neue Wasserkraftwerk in Gabčíkovo, durch das sich die Schiffahrtsbedingungen wesentlich verbessert haben.

Ausbau der Magnesitindustrie – die slowakischen Magnesitwerke, Slovmag AG in Lubeník, sind das größte Unternehmen dieser Branche in ganz Europa – und zum anderen eine möglichst effektive industrielle Nutzung aller anderen heimischen Rohstoffe.

Vor allem die Bauindustrie boomt seit der Auflösung des Warschauer Pakts. Durch die vielen seitdem veranlaßten Restaurierungs- und Baumaßnahmen hat sich die Zahl der Bauunternehmen in den letzten Jahren verzehnfacht. Die Produktion von Baumaterialien macht bereits beinahe 4% der Gesamtwirtschaft aus. Dennoch wird Auslandskapital benötigt, damit sowohl der Aufbau als auch der Renovierungsprozeß der slowakischen Infrastruktur vorangetrieben werden können. Führend im slowakischen Bauwesen sind die Firmen Doprastav (3000 Angestellte) und Hydrostav (7500 Angestellte), zwei ehemals staatliche Unternehmen.

Landwirtschaft und Forstwirtschaft

Die landwirtschaftliche Nutzfläche der Slowakei umfaßt 2 447 000 ha, von denen 1 486 000 ha als Ackerfläche genutzt werden, der Rest überwiegend für Forstwirtschaft und Viehhaltung. Die Landwirtschaft beschäftigt noch mehr als 10% der slowakischen Bevölkerung. Dies ist zwei- bis dreimal so viel wie in den restlichen Industrieländern Europas. Obwohl der landwirtschaftliche Bereich technologisch nur schwach entwickelt ist, hält er derzeit einen Anteil von 10% am BIP.

Durch die 1991 mit den Gesetzen über die Rückgabe des Bodens und über die Verteilung des genossenschaftlichen Eigentums geschaffenen Bedingungen konnte zwar der größte Teil des Bodens an die ehemaligen Besitzer zurückgegeben werden. Jedoch schreitet die Privatisierung der 1948 fast vollständig kollektivierten landwirtschaftlichen Betriebe nur langsam voran. Mitte 1992 waren weniger als 5% der landwirtschaftlichen Nutzfläche privat bewirtschaftet. Die Verdienstspannen für kleinere Privatbetriebe sind gering, die der Zwischenhändler dafür hoch. Die landwirtschaftliche Produktion wird weiterhin zum größten Teil von landwirtschaftlichen Genossenschaften erbracht. Die Staatsgüter haben wegen der Kürzung staatlicher Mittel seit Einführung der Marktwirtschaft nur noch geringe Bedeutung.

In den klimatisch begünstigten Ebenen besonders der West- und Südslowakei werden Weizen (auf etwa einem Drittel der Anbaufläche), das traditionelle slowakische Nahrungsmittel Kartoffel sowie Mais, Zuckerrüben, Tabak, Sonnenblumen und Hopfen, in den unteren Gebirgslagen Roggen, Hafer und Gerste angebaut. Weinbau wird in der Umgebung von Bratislava betrieben. Vor allem im Westen der Slowakei dominiert die Schweinehaltung, daneben sind Rinderzucht und in höheren Lagen auch Schafzucht verbreitet.

Die dichten und ausgedehnten Waldgebiete des Landes – knapp 40% der Landesfläche sind bewaldet – liegen vorwiegend in der Niederen Tatra, in der Großen und Kleinen Fatra und im Slowakischen Erzgebirge und werden außer für den Holzeinschlag zur Wildhaltung und Jagd genutzt. Mehr als 1600 Jagdreviere stehen zur Verfügung, die für Devisen auch an jagdbegeisterte Ausländer, besonders Ungarn, Österreicher und Deutsche, verpachtet werden.

Schwierigkeiten mit der Handelsbilanz

Die Slowakei hat, wie fast alle Staaten des osteuropäischen Freihandelsabkommens CEFTA, mit Schwierigkeiten bezüglich der Handels- und Zahlungsbilanz zu kämpfen. Das slowakische Handelsdefizit belief sich 1996 auf 2,1 Mrd. Dollar. Fast die Hälfte davon, 1,2 Mrd. Dollar, stammte allein aus dem Handel mit Rußland. Von dort wird der Großteil der für die Industrieproduktion notwendigen Rohstoffe bezogen. Neben Roh- und Brennstoffen importiert die Slowakei Maschinen, Ausrüstungen, Kunststoffe und pharmazeutische Produkte. Exportiert werden vor allem Erzeugnisse der chemischen Industrie, Halbware, Maschinen und Fahrzeuge.

Ähnlich wie in Ungarn, Polen oder Tschechien fand eine Umorientierung in den Handelsbeziehungen statt. Heute entfällt der größte Teil des Außenhandels auf die westlichen Industrienationen Europas. Mehr als 40% der slowakischen Exportgüter gehen in die EU, vorwiegend nach Deutschland und Österreich.

Im März 1993 wurde die mitteleuropäische Freihandelsvereinigung CEFTA (Central European Free Trade Association) gegründet, heute nach der EU der wichtigste Wirtschaftsraum der Slowakei. Diesem Wirtschaftsbündnis gehören noch Ungarn, Polen, Slowenien, Tschechien, der wichtigste slowakische Handelspartner, und neuerdings Rumänien an.

Transformation und Privatisierung: durchwachsene Bedingungen

Daß der Transformationsprozeß einer stark zentralistisch gesteuerten Wirtschaft kein Kinderspiel ist, versteht sich von selbst. Die Slowakei hat innerhalb von drei Jahren einen doppelten Wandel durchgemacht: Zunächst die „samtene" Revolution von 1989 und danach die Veränderung von 1992, als Tschechen und Slowaken beschlossen, sich zu trennen.

Die Schritte bei der Überleitung zur Marktwirtschaft waren die folgenden: 1990 wurde ein Plan zum Übergang zur Markwirtschaft diskutiert und von Regierung und Parlament akzeptiert. Er wurde von einem Programm für eine Sozialreform begleitet. Daraufhin gab das noch kommunistische Regime den Unternehmen mehr ökonomische Freiheiten. Gleichzeitig wurden Unterstützungen reduziert und zahlreiche große Unternehmen in kleinere aufgespalten. Die Folgen waren schwerwiegend, da die Inflationserwartungen viele Unternehmen veranlaßten, ihr Geld in Rohmaterial und andere Vorräte umzuwandeln und es zu Panikkäufen kam. Sowohl die Industrieproduktion als auch das BIP gingen um 3,2% zurück. Trotz zweier Abwertungen der damals noch tschechoslowakischen Krone fielen der Export um mehr als 11% und der Import um 3,8%. Ferner wurden auch die bis dahin üblichen Nahrungsmittelsubventionen aufgehoben. Dem folgten die Freigabe der Preise und die dritte Abwertung der tschechoslowakischen Krone.

Alles in allem haben die Tschechen bei der Trennung wirtschaftlich den besseren Part gehabt: die günstigeren, reiferen Wirtschaftsstandorte, das, wie die Slowaken behaupten, „stets argwöhnisch gehütete Herrschafts- und Wirtschaftswissen" und eine entwickelte Infrastruktur. Die Produktionsmittel wurden zwar nach einem gerechten Schlüssel 2 : 1 aufgeteilt, insgesamt war die slowakische Seite jedoch nicht gut auf die Trennung vorbereitet.

Die erforderliche Privatisierung der slowakischen Staatsbetriebe, die als „Motor" der slowakischen Wirtschaft angesehen wird, ist dennoch schon weit vorangeschritten. Die mittlerweile privatisierten Unternehmen steuern heute mehr als 78% des slowakischen BIP bei. Die Privatisierung wurde 1991 noch zur Zeit der vereinten Tschechoslowakei mit den Betrieben des Kleingewerbes und des Einzelhandels begonnen. Bis 1994 wurden Privatisierungen durch das Kabinett und Beamte des Privatisierungsministeriums verwaltet, ein Verfahren, das die Verkäufe einer gewissen Öffentlichkeit ausgesetzt hat. Angeblich um die Privatisierung zu entpolitisieren, hat Mečiar die Aufsicht darüber dem Präsidium des Nationalen Eigentumsfonds übertragen.

Einzelne „strategisch wichtige" Unternehmen sollen unter direkter Staatskontrolle belassen werden. Dazu zählen bestimmte Unternehmen in der Telekommunikation, dem Postwesen, der Energieversorgung, der Rüstung, dem Ingenieurwesen, der Pharmazie und der Forst- und der Wasserwirtschaft. Was manchem Nichtslowaken übertrieben scheinen mag: Vor der Privatisierung wurden fast 40% des slowakischen Produktivvermögens als „strategisch wichtig" eingestuft.

Das übrige Eigentum von insgesamt 1500 Unternehmen in Höhe von 9,8 Mrd. Dollar wurde dem Eigentumsfonds überschrieben. Rund 750 Aktiengesellschaften übernahmen wiederum vom Fonds Firmeneigentum im Wert von 7,8 Mrd. Dollar.

Der Verkauf der staatlichen Unternehmen ging in mehreren Phasen vor sich. In der ersten Phase der Couponprivatisierung 1993 wurden Kleinbetriebe und Dienstleistungen an die Bevölkerung veräußert. Jeder Erwachsene konnte eine bestimmte Anzahl von Coupons erwerben, die dann in frühere Staatsfirmen investiert wurden. Es wurden dabei Unternehmen – darunter auch führende slowakische Finanzinstitute – im Wert von 2,2 Mrd. Dollar verkauft.

Die zweite Phase richtete sich an die großen Unternehmen, wobei direkt an vorher festgelegte Aktionäre verkauft wurde. Es wurden vor allem inländische Investoren beteiligt, während erst später verstärkt ausländisches Kapital ins Land gebracht wurde. Daher liegen heute 93% der Gesamtproduktion in den Händen einheimischer Unternehmen (Stand Mitte 1997).

Die Privatisierung ist jedoch noch nicht vollständig zu Ende geführt. Lediglich der Einzelhandel war 1995 bereits ganz privatisiert und wurde durch nahezu 7000 private Einzelhandelsgeschäfte repräsentiert. Besonders im Metallsektor jedoch ist der Nationale Eigentumsfonds immer noch ein wichtiger Aktionär. Der große Stahlkonzern VSŽ aus dem ostslowakischen Košice zählt allerdings zu den schon privatisierten Unternehmen.

Im Juli 1995, nachdem schon 3,5 Millionen Bürger ihre Coupons erworben hatten, hob Vladimír Mečiar jedoch das Gutscheinsystem auf und ersetzte es durch die Ausgabe von Obligationen. Jeder der 3,5 Millionen Besitzer eines Gutscheins erhielt für diesen eine Obligation, die er auf zwei Arten verwenden konnte: zum Kauf eines Hauses oder zur Tilgung von Schulden, die durch den Direktkauf einer Firma vom Nationalen Eigentumsfonds entstanden sind.

Dies, so kritische Stimmen aus In- und Ausland, erleichtere „Insidern" den Weg zum Besitz und erschwere gleichermaßen die Kontrolle von außen. Denn „Insider" könnten ihre Firmenanteile direkt vom Eigentumsfonds erwerben, den normalen Slowaken Obligationen zu einem reduzierten Preis abkaufen und den Unterschied zum Nominalwert dazu benutzen, ihre Privatisierungsschulden weiter zu verringern. Mečiar dagegen argumentierte, Direktverkäufe würden Geld in die Staatskasse bringen und eine einheimische Eigentümerklasse schaffen.

Dieser Abbruch der zweiten Phase der Massenprivatisierung hat Unruhe in die slowakische Wirtschaft gebracht. Fachleute

Wirtschaftliche Eckwerte 1994–96–98

	1994	*1996*	*1998*
Arbeitslosigkeit	14,6%	12,8%	12%*
Ausl.investitionen	16,5 Mrd. Sk	26,9 Mrd. Sk	–
BSP/Kopf	2 576 USD	3 529 USD	–
BSP	+4,9%	+6,9%	+6%*
Inflationsrate	13,4%	6,9%	7,3%*
Realeinkommen	+3%	+7,2%	+6%*
Investitionen	–5,1%	+33,3%	+10%*

Quellen: Hypobank: Osteuropa-Perspektiven, 1/1998; FAZ 15.12.97
* Schätzwerte, FAZ 16.12.97 (nach NBS-Zentralbank); Sme 1.12.98; OECD

sind der Ansicht, ein ungerechtfertigt hoher Einfluß von „Insidern“ am Wirtschaftsgeschehen könnte sich negativ auf den Zustrom von finanziellen Mitteln aus dem Ausland auswirken, auf den man doch sehr angewiesen ist.

Auslandsinvestitionen

Der größte Investor in der Slowakei ist Österreich, gefolgt von Deutschland, der Tschechischen Republik und den USA. An Auslandsinvestitionen sind seit 1990 nicht ganz 900 Mio. Dollar aus 89 Staaten eingetroffen. Am meisten wurde in den Industriesektor investiert. Dennoch ist der Zufluß von Auslandskapital – verglichen mit dem in die anderen Reformländer – relativ gering. Ein möglicher Grund hierfür könnte die Bevorzugung einheimischer Kapitalgeber bei der slowakischen Privatisierung sein. Die ausländischen Kapitalgesellschaften sind daher eher nach Ungarn, Polen und nach Tschechien gegangen, offenbar muß sich die Slowakei als Industriestandort noch etablieren.

Und so ist es als ein ermutigendes wirtschaftliches Signal zu werten, daß die Zahl der Unternehmen, die mit ausländischem Kapital betrieben werden, stetig wächst. Die Anzahl dieser Firmen stieg von 5143 Ende 1993 auf 8740 im Dezember 1995.

Ausländische Investoren haben sich beispielsweise an der Lebensmittelherstellung beteiligt. So wurde die Champignonfabrik von Topol’čany in der Mittelslowakei mit Hilfe von niederländischem Kapital errichtet. Das Unternehmen gilt als drittgrößter Champignonproduzent Europas. Derzeitig werden jährlich etwa 500 t produziert. Man hofft aber, bald mit Hilfe neuer Technologien auf eine Produktion von 2000 t zu kommen. An wichtigen ausländischen Lebensmittelketten haben sich die österreichischen Konzerne Billa und Meinel, die tschechische Grow-Gruppe sowie Tesco aus Großbritannien etablieren können.

Daneben bestehen auch zahlreiche Joint-ventures, so z. B. zwischen dem deutschen Hoechst-Konzern und der slowakischen Firma Biotika. Die Zusammenarbeit zur Herstellung von 50 verschiedenen Medikamenten begann 1992 mit einem Investitionskapital von 13 Millionen Dollar. Die ursprüngliche Zahl von 189 Angestellten von Biotika in der nordslowakischen Stadt Martin ist heute auf etwa 290 angewachsen.

Die wichtigsten Investoren in der Slowakei 1996

Firma (nach Anlagebetrag)	*Herkunftsland des Kapitals*
Tesco Stores	Großbritannien
Volkswagen	Deutschland
Slovalco	Norwegen, Großbritannien
Chemlon	Frankreich
Nováché chemické závody	Tschechische Republik
Coca Cola Amatil Slovakia	Niederlande
Hypo-Bank Slovakia	Deutschland
ÖMV Slovakia	Österreich
Tatranský Permon	Tschechische Republik
Citibank Slovakia	USA

Quelle: FAZ 16.12.97

Gute Geschäfte im Land machen auch ausländische Versicherungen, die vor allem von dem bestehenden Nachholbedarf profitieren. Das ist überall auch auf den ersten Blick zu erkennen: Die modernsten und aufwendigsten Geschäftsgebäude gehören Versicherungen oder Banken.

Die meisten ausländischen Direktinvestitionen sind auf Bratislava und die westliche Slowakei konzentriert: 63,9% der Auslandsinvestitionen wurden in dieser Region getätigt, wovon mehr als 60% auf Bratislava entfallen. Vor allem große Unternehmen wie Volkswagen, Kraft, Jacobs, Suchart, Henkel und Ikea haben bereits in dieser Region investiert.

Trotz aller politischer Bedenken im Ausland gegenüber der Slowakei bleibt ein unschlagbares Argument für die Wahl der Slowakei zum Industriestandort: die niedrigen Arbeitslöhne, die zur Zeit etwa 3 DM pro Stunde betragen.

Die Infrastruktur

Das slowakische Straßennetz ist zwar relativ dicht, muß jedoch dringend ausgebessert und erweitert werden. In der Tat ist die Reise auf den slowakischen Bundes- und Landstraßen besonders in gebirgigen Gegenden oft beschwerlich. Vor allem langsame, altersschwache LKWs halten den Verkehr häufig auf und fordern zu riskanten Überholmanövern heraus.

Mit dem geplanten Ausbau des Autobahnnetzes von 239 auf 650 km sollen bis ungefähr zum Jahr 2020 Verbindungen nach Österreich, Ungarn, Polen und in die Ukraine verbessert werden. Bratislava soll dabei innerhalb des grenzüberschreitenden Autobahnnetzes die Funktion eines Knotenpunktes einnehmen.

Probleme gibt es auch mit dem Bahnverkehr: Nur ein Drittel der Bahnlinien ist elektrifiziert. Seit Juli 1995 läuft ein Projekt, das die Elektrifizierung des gesamten slowakischen Bahnnetzes bis zum Jahr 2010 vorsieht. Die Kosten dieser Arbeiten werden von der slowakischen Bahn sowie durch nationale und internationale Kredite getragen. Die Slowakei will die Nord-Süd-Verbindung nach Polen und Ungarn sowie die Ost-Verbindung in die Ukraine ausbauen. Mit den österreichischen Behörden hat man bereits eine Schnellverbindung per Bahn zwischen Bratislava und dem Flughafen Wien vereinbart, die 1998 fertiggestellt sein soll.

Die Slowakei verfügt über fünf größere Flughäfen: in Bratislava, Košice, Piešt'any, Sliač und Poprad. Sie decken das gesamte Staatsgebiet so gut ab, daß die Entfernung eines Ortes zum nächstgelegenen Flughafen nicht mehr als 100 km beträgt. Insgesamt kann man heute 19 regionale und örtliche Flughäfen nutzen.

Energie: Selbstversorgung durch Kern- und Wasserkraft?

Angesichts der bisher notwendigen hohen Energieimporte versucht das Land langfristig zum Selbstversorger zu werden. An den zu diesem Zweck ergriffenen Maßnahmen ist das staatliche Elektrizitätsversorgungsunternehmen Slovenské Elektrárne maßgeblich beteiligt. Es ist eines der größten Unternehmen in der Slowakischen Republik, verfügt über 88 % der Energieerzeugungskapazitäten im Land und ist Eigentümer des nationalen Leitungssystems, über das die regionalen Anbieter versorgt werden. Zu seinen Anlagen gehören zwei Kernkraftwerke, von denen eines erst kürzlich in Betrieb genommen wurde, sowie 25 Wasserkraftwerke und drei mit Kohle betriebene Wärmekraftwerke (v. a. bei Handlová im Osten und bei Bratislava). Wegen der starken Umweltbelastung durch die Kohlekraftwerke, für die Steinkohle aus

Das umstrittene Atomkraftwerk Mochovce

Der im Kreis Levice 120 km östlich von Bratislava und nur 160 km östlich von Wien gelegene Atomreaktor russischen Bautyps steht seit Jahren im Kreuzfeuer der Kritik. Schon 1994 fanden Demonstrationen gegen seinen Bau, darunter auch Aktionen von Greenpeace, statt. Daraufhin sollte er nach westlichen Sicherheitsnormen umgebaut werden. Es wurde eine kostspielige und umfangreiche Nachrüstung mit westlicher Sicherheits- und Regeltechnik vorgenommen. Die Inbetriebnahme war für Juli 1998 vorgesehen. Jedoch ist die Anlage der österreichischen Regierung immer noch ein Dorn im Auge und belastet die außenpolitischen Beziehungen zwischen den Regierungen Mečiar und Klima. Grund: Die Anlage wurde Anfang Mai 1998 einer Sicherheitsprüfung unterzogen, bei der sich gravierende Mängel ergeben haben. Die österreichische Regierung forderte einen Aufschub der Inbetriebnahme, bis alle Sicherheitsmängel beseitigt würden. Anfang Juli ist der Reaktor dennoch probeweise ans Netz gegangen. Dieser Zwist könnte zum Problem für die Slowakei werden: Bisher hat vor allem Österreich, das seit einer Volksabstimmung 1978 auf die Nutzung der Kernkraft verzichtet, den Beitritt der Slowakei in die EU unterstützt. Das könnte sich nun ändern.

der Region Ostrava und aus der Ukraine und Braunkohle aus Nordböhmen importiert werden muß, sieht die slowakische Regierung die Zukunft in der Kernenergie. Allein das Kernkraftwerk in Jaslovské Bohunice nördlich von Trnava (vier Reaktorblöcke mit einer Leistung von je 440 MW) liefert schon 50% der Energie des Landes. Das aus den 60er Jahren stammende umstrittene Kraftwerk soll in Betrieb bleiben, bis der neue Reaktor russischen Typs in Mochovce, 50 km weiter östlich, voll funktionsfähig ist. Durch seine Inbetriebnahme sollen die Elektroenergie-Exporte einen Umfang von 3,5 Mrd. Kronen erreichen und keine Importe mehr erforderlich sein.

Viele Flüsse prägen die Landschaft der Slowakei, sie bieten einen Reichtum an Wasserkraft, dessen Nutzung immer mehr ausgebaut wird. Am längsten slowakischen Fluß, dem Váh, steht ein System von 15 Staudämmen, die 5 Kanalsysteme bilden. Heute sind sie auch Anziehungspunkte für Wassersportler. Zu den wichtigsten laufenden Wasserkraft-Projekten, die ebenfalls zur Unabhängigkeit von Energieimporten führen sollen, gehören

Das umstrittene Atomkraftwerk Mochovce. – Foto: V. Bárta

das umstrittene Donaukraftwerk Gabčíkovo und das Hydro-Projekt bei Žilina.

Eine weitere Energiequelle der Slowakei sind Erdgas und Erdöl. Die heimische Förderung deckt jedoch lediglich 4% des Gesamtverbrauchs an Erdgas und 1 bis 2% an Erdöl – der Rest kommt über Pipelines über die Ukraine aus Rußland. Den Vorstellungen der slowakischen Regierung zufolge soll die Erdölraffinerie Slovnaft über Schwechat (Österreich) an die dortige Erdölleitung mit einer Jahreskapazität von zwei Mio. t angebunden werden.

Die Slowakei setzt auf ihre Pipelines

Die erste große Gaspipeline wurde vor über 30 Jahren gebaut. Damals ging es um die Versorgung der ČSSR und Österreichs mit russischem Erdgas. Die UdSSR hatte die Baukosten für dieses Infrastrukturprojekt getragen. Die Slowakei konnte die Pipelines ohne jegliche Kosten nach der „samtenen" Revolution übernehmen. Heute sind die Gaspipeline-Netzwerke des Landes im Besitz der Slowakischen Gasgesellschaft (SPP) und weitgehend an westliche Umweltstandards angepaßt. So kommt es, daß die Slowakei zwar fast kein eigenes Erdgas oder Erdöl erzeugt, aber ungemein wichtig für dessen Transport zwischen Ost und West werden kann. Nach der Ukraine ist die Slowakei bereits das zweitwichtigste Transitland für petrochemische Produkte aus den Staaten der ehemaligen Sowjetunion.
Im Frühjahr 1997 wurde ein spektakulärer Transitvertrag mit dem russischen Gazprom-Konzern abgeschlossen. Danach ist eine Kooperation zwischen Slowaken und Russen bis zum Jahr 2008 vorgesehen. Der Vertrag sieht die Verwendung slowakischer Pipelines für den Transport von russischem Gas in Richtung Mittel- und Westeuropa vor. Im Gegenzug erhält die Slowakei einen Teil des transportierten Gases. Nach Schätzungen soll es sich um drei Mrd. Kubikmeter Gas handeln, was gut der Hälfte des jährlichen Gasverbrauchs der Slowakei entspricht.

Streit um das Donaukraftwerk Gabčíkovo-Nagymaros

Südöstlich von Bratislava beginnen die malerischen Donau-Flußauen. Ab Šamorín ist die ursprüngliche Landschaft jedoch von dem riesigen Stausee und dem Wasserkraftwerk Gabčíkovo geprägt, das einige Kilometer von dem gleichnamigen Ort entfernt liegt.

Zur Geschichte des Megaprojekts: Die Vorbereitung des Wasserkraftwerks leiteten die Tschechoslowakei und Ungarn gemeinsam bereits 1952 ein. Der Vertrag über den Aufbau und Betrieb des Wasserkraftwerksystems Gabčíkovo-Nagymaros wurde jedoch erst 1977 unterzeichnet. Dieser sah ein System von Dämmen und Stauseen im gemeinsamen Grenzgebiet an der Donau vor. Dadurch sollte die Wasserversorgung der beiden Kraftwerke – des größeren Gabčíkovo auf slowakischer und des kleineren Nagymaros auf ungarischer Seite – sichergestellt werden.

1978 wurden die Bauarbeiten auf dem Gebiet der Slowakei aufgenommen, auf ungarischer Seite wurden sie aus Mangel an

Finanzen erst 1980 eingeleitet. Die ungarischen und tschechoslowakischen Organisationen arbeiteten nach einer paritätischen Arbeitsteilung. Die finanzielle Beteiligung sollte 50 : 50 sein. 1981 schlug die ungarische Seite aus ökonomischen Gründen vor, den Baufortschritt zu bremsen und unterbrach für eine gewisse Zeit die Arbeiten auf ihrem Gebiet. 1982 wurde deshalb der Inbetriebnahmetermin der energetischen Aggregate verschoben. Dann aber war der Baufortschritt auf der Seite des ungarischen Auftragnehmers (einer Gemeinschaft österreichischer Firmen) doch schneller, als es der neue Arbeitsplan von 1984 vorsah, und die ungarische Seite ersuchte um eine Beschleunigung der Arbeiten an den Schutzmaßnahmen auf slowakischem Gebiet. Im Februar 1989 wurde deshalb das Protokoll über die Verkürzung der Bauzeit um 15 Monate unterzeichnet. Die ungarische Regierung entschloß sich aber am 13. 5. 1989, den Bau der Staustufe Nagymaros für zwei Monate einzustellen. Sie argumentierte mit der ökologischen Gefährdung Ungarns. Die Tschechoslowakei war jedoch wegen ihrer hohen Investitionen nicht zur Aufgabe von Gabčíkovo bereit. Die auf die staatliche Unabhängigkeit zustrebende Slowakei übernahm das Projekt in eigener Regie und entschloß sich zur Umleitung der Donau – zur sogenannten C-Variante. Durch einen nun um mehrere Kilometer verlängerten Kanal, der den Stausee Dunakiliti auf ungarischer Seite umgeht, wurde daraufhin das Donauwasser auf slowakisches Gebiet geleitet.

Im November 1992 begann die Stromerzeugung in Gabčíkovo, allerdings im geringeren Maß als ursprünglich vorgesehen. Ungarn machte daraufhin schwere Umweltschäden geltend. Die Slowakei ihrerseits meldete wegen der geringen Energiegewinnung und wegen der Baukosten für die C-Variante gegenüber Ungarn Entschädigungsansprüche an.

Ungarn rief daher 1997 den Internationalen Gerichtshof in Den Haag an. Der Gerichtshof hat in diesem Konflikt im September 1997 sowohl die Slowakei als auch Ungarn verurteilt. Beiden Seiten wurden Rechtsverstöße vorgeworfen. Es wurde festgestellt, Ungarn sei nicht berechtigt gewesen, seine Arbeiten an dem Damm auszusetzen und später ganz einzustellen. Die Tschechoslowakei habe im November 1991 zwar mit der Vorbereitung einer Ersatzlösung, der Variante C, beginnen dürfen, sie habe diese im Oktober 1992 jedoch nicht einseitig in die Tat umsetzen dürfen. Zudem vertraten die Richter die Ansicht, die Kündigung Ungarns habe die vertraglichen Beziehungen zwischen den beiden Staaten nicht beendet, diese bestünden vielmehr noch fort. Die Slowakei sei als legitimer Rechtsnachfolger der Tschechoslowakei Vertragspartei, und der Gerichtshof schlug Neuverhandlungen vor. Bei Ergebnislosigkeit, so wurde empfohlen, solle der auf slowakischem Gebiet befindliche Damm in Übereinstimmung mit dem Vertrag von 1977 unter ein gemeinsames Regime gestellt werden. Bratislava und Budapest sollten zudem nach Möglichkeiten suchen, wieder mehr Wasser aus dem Kraftwerkskanal in das ursprüngliche Flußbett der Donau zu leiten. Dadurch soll das Austrocknen der ökologisch wertvollen Donau-Auen begrenzt werden. Die Differenzen zwischen beiden Staaten konnten jedoch bisher nicht beigelegt werden.

Für die Slowaken sind Gabčíkovo wie auch Mochovce zu nationalen Prestigeobjekten geworden. Die Realisierung dieser technologischen Megaprojekte ist für sie eine Frage der Ehre und vor allem der Souveränität – jenseits von parteipolitischen und ideologischen Streitigkeiten.

Die Lebensbedingungen

Der Arbeitsmarkt

Nach 40 Jahren Kommunismus und struktureller Überbeschäftigung ist die Slowakei noch dabei, ihren Arbeitsmarkt vollständig auf die freie Marktwirtschaft umzustellen. Sie hat dabei vor allem mit der hohen Arbeitslosigkeit zu kämpfen, die für sie ein neuartiges Phänomen ist. Arbeitslosigkeit kam 1990 seit 40 Jahren erstmalig auf und erreichte Ende des Jahres zunächst 1%. Die Entwicklung danach war dramatisch: 1994 stieg sie auf den Spitzenwert von 14,8%. Zur Zeit beträgt sie 13,9%.

Die Arbeitslosigkeit in der Slowakei betrifft etwas mehr Frauen als Männer, außerdem Behinderte und die Roma wesentlich stärker als andere Gruppen. Die Zahl der arbeitslosen Roma erreichte Ende Mai 1991 27%, 1995 lag sie bei 16,6%. Ferner sind mehr junge Menschen als ältere arbeitslos, vor allem Schulabgänger und junge Akademiker.

Regional ist die Arbeitslosigkeit unterschiedlich hoch. Die niedrigste Quote tritt in Bratislava auf, während die höchsten Zahlen in den ländlichen ostslowakischen Bezirken zu verzeichnen sind und mancherorts sogar fast 30% betragen. Mittlere Werte treten in der Mittel- und der Westslowakei auf.

Daß die Arbeitslosenzahlen nach der Einführung der Marktwirtschaft so stark angestiegen sind, ist hauptsächlich durch die frühere strukturelle Überbeschäftigung bedingt, wie sie in allen planwirtschaftlich regierten kommunistischen Ländern üblich war. Außerdem waren bis 1989 vergleichsweise überdurchschnittlich viele Frauen berufstätig. 83% der Männer und 72,2% der Frauen im Arbeitsalter gingen 1989 einem Beruf nach, nur 12% der Frauen arbeiteten Teilzeit. Die Familien waren auf zwei Einkommen angewiesen, und die Sozialpolitik war entsprechend ausgerichtet: Doppelverdienern war die Betreuung ihrer Kinder in den staatlichen Einrichtungen in der Tschechoslowakei garantiert, und sie war zudem unentgeltlich. Heutzutage dagegen ist die Kinderbetreuung ein Luxus geworden, den sich längst nicht mehr alle leisten können.

Durch die hohe Arbeitslosigkeit sowie die gleichzeitig recht niedrigen Löhne sind die Lebensbedingungen in der Slowakei also nicht leicht, wirkliche Armut wird jedoch von der neuen Sozial-

Die Familienstruktur ändert sich

Früher bestand eine durchschnittliche slowakische Familie aus zwei Erwachsenen und zwei bis drei Kindern. Heute ist dies jedoch nur noch auf dem Land der Fall. Hier sind die sozialen Strukturen noch intakt, man hat ein karges, aber für die eigenen bescheidenen Bedürfnisse ausreichendes Einkommen, meistens durch eine kleine Landwirtschaft oder mittlerweile auch durch Zimmervermietung an Touristen. In den Städten jedoch geht die Geburtenrate immer mehr zurück, man zögert häufig, wenn sich die Kinderfrage stellt. Zumeist müssen und wollen beide Ehepartner arbeiten, und die Arbeitgeber entscheiden sich immer häufiger eher für einen Mitarbeiter als für eine Mitarbeiterin mit Kindern.

Ein weiterer Trend in den Städten: Jede zweite Ehe wird, aufgrund der neuen, viele Ehepartner überfordernden finanziellen und sozialen Bedingungen, geschieden.

gesetzgebung aufgefangen. Bei den meisten Regelungen hat man sich an westeuropäischen Mustern orientiert. Mit der Gesetzesnovelle vom 1.1.1993 wurde in der Slowakischen Republik ein neues Sozialversicherungssystem eingeführt, das in der Struktur dem deutschen System entspricht. Zum 1.1.1995 wurde die Nationalversicherung aufgelöst und durch die voneinander unabhängigen Institutionen Krankenversicherung und Sozialversicherung (Renten- und Arbeitslosenversicherung) ersetzt. Im Falle eines Arbeitsplatzverlustes kann der Arbeitnehmer für maximal sechs Monate Arbeitslosengeld in Anspruch nehmen. Danach muß Sozialhilfe beantragt werden. Der Mindestsatz lag 1995 allerdings sehr niedrig, bei 1980 Sk – das waren 99 DM – pro Monat.

Das Berufsleben ist mittlerweile ebenfalls nach westlichen Standards geregelt. In den meisten Branchen sind auch die Rahmenbedingungen zwischen Arbeitgeber und Arbeitnehmer tariflich festgelegt. Die Regelarbeitszeit beträgt 42,5 Stunden pro Woche, inklusive einer halben Stunde Mittagspause. Der gesetzliche Urlaub beträgt je nach Alter, Betriebszugehörigkeit und Einsatzgebiet des Arbeitnehmers zwischen drei und fünf Wochen pro Jahr.

Die Slowakei, ein Billiglohnland

Zählten noch vor einiger Zeit Portugal oder Irland zu den attraktiven Billiglohnländern in Europa, so werden sie heute zunehmend durch die zentral- und osteuropäischen Reformländer abgelöst. Die Löhne und Lohnnebenkosten des slowakischen Arbeitsmarktes betrugen 1995 nur einen Bruchteil der deutschen Arbeitskosten. Ausländische Unternehmen wie beispielsweise Volkswagen, Kraft, Jacobs Suchart, Henkel, Ikea und Osram haben hier bereits Produktionsstätten eingerichtet. Selbst Quelle und Neckermann lassen in Trenčín ihre Damen- und Herrenkonfektion herstellen. 1995 erreichte der Durchschnittslohn 7081 Sk, d.h. 341 DM pro Monat.

Die finanziellen Probleme, die ein Großteil der Bevölkerung zu tragen hat, sind auch durch die Umstrukturierung der Löhne im Sinne der Marktwirtschaft bedingt. Früher, in der Tschechoslowakei, hatte die Lohnstruktur auf einem Tarifsystem basiert,

Löhne

Monatliche Durchschnittslöhne in Sk

1992	1993	1994	1995
4519	5261	6088	7081

Stundenlöhne

Finanz- u. Versicherungswesen	88,71 Sk (4,30 DM)
Industrie	51,93 Sk (2,48 DM)
Lehrer	42,79 Sk (2,07 DM)
Gesundheitswesen	38,56 Sk (1,86 DM)
Hotels und Gastronomie	38,18 Sk (1,84 DM)
Landwirtschaft	34,73 Sk (1,80 DM)

Quelle: Štatistická ročenka 1996

das der Schwerindustrie, harter physischer Arbeit, dem Alter und den Arbeitsjahren sowie der formalen Ausbildung Priorität gab. Es herrschte ungefähre Lohngleichheit. Noch 1989 beliefen sich zwei Drittel aller Löhne auf Summen zwischen 2000 und 4000 Kcs pro Monat. Qualifizierte und kreative Tätigkeit wurde oft unterbewertet, und sogenannte Frauenberufe oft weniger gut bezahlt als Männerberufe.

Im Januar 1990 wurde das Lohnsystem umgestellt. Viele Entscheidungen lagen nun bei den Unternehmen selbst. Eine relativ straffe Regulierung des Lohn-Kapitals ist dennoch beibehalten worden, um eine unkontrollierte Lohn- und Preisentwicklung zu verhindern, da die erste Phase des Übergangs zur Marktwirtschaft sehr anfällig für hohe Kostenentwicklungen mit inflationären Tendenzen war. Der Durchschnittslohn lag 1990 bei 3380 Kcs. Danach stiegen die Löhne vor allem in solchen Branchen rapide an, in denen die Einkommen unter dem Durchschnitt gelegen hatten: im Binnenhandel, im Gesundheitswesen und im Kommunikationswesen.

Obwohl sich die Löhne von 1991 bis Ende 1994 um 70% erhöht haben, sind sie im Vergleich zu den Lebenshaltungskosten dennoch insgesamt gesunken.

Ein großes und neues Problem sind für viele die hohen Steuer- und Sozialabgaben, die oftmals 40% des Bruttogehalts ausmachen. Von dem was übrig bleibt, werden 30% für die Miete ausgegeben, 60% für Lebensmittel. Größere Anschaffungen sind da kaum möglich.

Preise

Die Grundnahrungsmittel kann man mit so einem schmalen Geldbeutel schon bezahlen. Bei einem Monatsverdienst von durchschnittlich 7081 Sk (1995) fallen ihre Preise nicht so sehr ins Gewicht. Ein Kilo Äpfel kostet 25 Sk (also rund 1 DM), eine Flasche Bier 10 Sk, eine Flasche Wein um 50 Sk. Bei Fleisch liegen die Preise schon höher: Für 1 kg Schweinenacken bezahlt man 102 Sk, also knapp 5 DM. Alles andere jedoch will im slowakischen Haushalt wohl geplant sein. Denn ein Baumwollpullover kostet 700 Sk, ein Kleiderschrank ist für 5600 Sk, also für mehr als drei Viertel eines Durchschnittsgehalts, zu haben. Ein Farbfernseher kostet um 16000 Sk, das sind immerhin mehr als zwei Monatsgehälter, und für einen Škoda Felicia müssen die meisten einen teuren (zur Zeit zu etwa 24%) Kredit aufnehmen: er kostet ca. 250000 Sk.

Sehr gut lebt in der Slowakei nur ein kleiner Teil der Bevölkerung: die nach der Wende reich gewordene Schicht der Unternehmer. Während die relativ dünne Mittelschicht auch noch ganz gut auskommt, hat der Großteil der Bevölkerung finanzielle Probleme.

Der slowakische Alltag ist vielmehr von einer bedrückenden Unsicherheit gekennzeichnet. Um dennoch über die Runden zu kommen, haben viele Slowaken einen Rettungsanker, und das be-

Kriminalität

Die Öffnung der Grenzen und die Einführung der freien Marktwirtschaft haben der Slowakei außer den finanziellen Problemen leider auch eine neue und hohe Kriminalität beschert; allein zwischen 1991 und 1995 sind die Delikte von 88157 auf 114579 angestiegen. Vor allem Bratislava nimmt einen Spitzenplatz ein. Die alltäglichen Schlagzeilen in den Zeitungen drehen sich um Korruption, organisierten Autodiebstahl, Prostitution – und das trotz eines enormen Polizeieinsatzes.

Das moderne Bratislava. – Foto: S. Vykoupil

reits aus der Zeit des Kommunismus, in der es zwar Arbeit für alle, jedoch häufiger auch Versorgungsengpässe gegeben hat. Viele haben nämlich einen kleinen Garten, eine ‚Scholle', von der sie leben. Es kommt nicht selten vor, daß so ein Garten bis zu sieben Personen ernährt. Früher verdiente man sich damit ein nicht unerhebliches Zubrot, da der Staat Überschüsse zu Festpreisen abnahm. Die freien Händler, die heute über das Land ziehen, bieten zum Leidwesen der Kleinbauern oft nur noch ein Zehntel der früheren Preise.

Wohnen

In der Slowakei umringt, wie auch in den übrigen ehemals sozialistischen Staaten, fast jeden historischen Stadtkern die sozialistische Architektur, sprich: die Betonstädte.

Viele der Plattenbauten sind zwar unansehnlich, die Wohnungen darin sind jedoch oftmals in Ordnung. Anders als im Westen haben solche Siedlungen bei der Bevölkerung kein negatives Image, man identifiziert sich vielmehr mit ihnen. Zum Ausgleich für die dennoch relativ geringe Wohnqualität in diesen „Schlafstätten" weichen viele Städter an den Wochenenden aufs Land in ihre Wochenendhäuschen aus. Einerseits dienen ihnen als Wochenenddomizil häufig die in vielen Ortschaften früher als Wohnraum genutzten Holzhäuser, die jedoch seit den 60er Jahren weitgehend durch Steinhäuser ersetzt wurden. Andererseits entstanden auch viele neue hübsche Wochenendhaussiedlungen außerhalb der Städte.

Mit dem Bauboom und der Renovierungswelle haben sich Städte und Dörfer insgesamt erheblich verschönert. Man sieht in vielen Orten neue geschmackvoll angelegte Siedlungen und – selbst im kleinsten Dorf – sehr sorgfältig renovierte Häuser mit liebevoll gepflegten Vorgärten.

Die Kehrseite der Medaille: Die Mieten verschlingen heute häufig ein Drittel der Einkünfte eines Alleinverdieners und steigen zunehmend. Eine 80 m^2 große Wohnung beispielsweise kostet warm ca. 3000 Kronen, und dies entspricht dem slowakischen Mindestarbeitslohn (1998).

Slowakischen Wein kostet man traditionell aus solchen Phiolen. – Foto: V. Bárta

LAND UND LEUTE

Geographisches und mehr

Mit ihrer Fläche von 49035 km^2 ist die – wie auch die Slowaken stolz hervorheben – „im Herzen Europas“ liegende Slowakei etwas größer als die Schweiz. Ihr malerisches Landschaftsbild bestimmen vor allem die ausgedehnten Gebirgszüge der Westkarpaten, die den größten Teil ihres Staatsgebiets einnehmen, dazu kommen noch zahlreiche weitere Gebirgszüge. 30 der Berggipfel ragen über 2500 m hoch.

Die wichtigsten Flüsse, die in den Tälern dieser zerklüfteten Landschaft fließen, sind: der Váh (Nebenfluß der Donau), die Nitra, der Hron, die Donau, der Hornád und die Orava (Nebenfluß des Váh). Den südlichen Landesteil bestimmt die besonders fruchtbare Donautiefebene, die nur 95 m über dem Meeresspiegel liegt. Im Osten hat die Slowakei Anteil an der großen ungarischen Tiefebene.

Das Klima der Slowakei ist ein klassisches Kontinentalklima mit kalten Wintern und warmen Sommern. Die Temperaturen schwanken zwischen 2° im Winter und 21° im Sommer. Das wärmste Gebiet ist die sonnenverwöhnte Donauebene im Süden mit einer Durchschnittstemperatur von 10 bis 11°. Sie wird vom trockenen Klima des ungarischen Tieflandes beeinflußt. Der wärmste Ort ist Štúrovo an der Donau, etwa 30 km von Budapest entfernt. Das andere Extrem bildet die Hohe Tatra. Die 2632 m hohe Bergspitze Lomnický štít beispielsweise, einer ihrer höchsten Gipfel, hat eine Durchschnittstemperatur von –3,7°. In diesem Gebiet bleibt der Schnee etwa 130 Tage im Jahr liegen.

Naturschutzgebiete und Gebirgsregionen

In der Slowakei gibt es große Flächen unverfälschter Natur, die auch eines der Aushängeschilder des Landes sind. Um sie zu erhalten, hat man bereits auf dem Gebiet der ehemaligen Tschechoslowakei im Jahr 1938 begonnen, Naturschutzgebiete einzurichten. Bis 1987 gab es sechs Nationalparks. Heute sind allein auf dem Gebiet der Slowakei fünf Regionen als Nationalparks ausgewiesen. Hinzu kommen zahlreiche weitere geschützte Landschaftsgebiete und Naturreservate. Mit ihren Hunderten von Seen und einem gut ausgebauten Netz markierter Wege bilden die Nationalparks für alle Wanderer und Naturliebhaber ein lohnendes Reiseziel.

Die Hohe Tatra (Vysoké Tatry) ist der Besuchermagnet der Slowakei. Sie ist der nördlichste Teil des 1200 km langen Karpatenbogens und das höchste Gebirge der Westlichen Karpaten wie auch der Slowakei. Der Tatra-Nationalpark (Tatranský národný park, abgekürzt TANAP, 510 km^2) wurde 1948 gegründet und grenzt im Norden an den polnischen Tatrzański Park Narodowy. Die zusammenhängenden Nationalparks werden von beiden Ländern gemeinsam verwaltet. In einigen Gebieten wurde ein Verbot für Hotelneubauten verfügt, außerdem gilt mancherorts ein Fahrverbot für Kraftfahrzeuge, wobei jedoch Busse und Züge die wichtigsten Ortschaften miteinander verbinden. Ausgedehnte Teile dieses Gebirges dürfen auf markierten Wegen auf einer Gesamtlänge von etwa 350 km begangen werden.

In den Eiszeiten des Quartär war das Gebirge zum größten Teil von alpinen Gletschern bedeckt. Die heutige Landschaft ist das Ergebnis der dadurch entstandenen Abtragungen. Ursprünglich erreichte die Hohe Tatra Höhen von mehr als 3000 m. Ihre Gipfel wurden jedoch durch bis zu 200 m hohe Gletscher abgeschliffen, und das Gebirgsmassiv wurde zerklüftet. So sind die vielen imposanten Täler, steil aufragenden Felswände und tiefen blauen Bergseen entstanden. Reste von Gletschern sind noch an drei Stellen an der Nordseite zu finden, und zwar in Lagen, zu denen

Legende um den höchsten Berg der Tatra

Der höchste Berg der Hohen Tatra wie auch der Karpaten überhaupt ist der Gerlachovský štít (Gersdorfer Spitze) mit einer Höhe von 2655 m. Bis vor einiger Zeit kursierte allerdings die Legende, der Slavkovský štít (Schlagendorfer Spitze) wäre dies bis ins 16. Jahrhundert hinein gewesen, ausgelöst durch die Tatsache, daß ihm seine Bergspitze fehlt. Man ging davon aus, sein Gipfel habe einst auf mehr als 2700 m emporgeragt und sei im 16. Jahrhundert von einem Erdbeben abgesprengt worden. Diese Annahme wurde erst kürzlich anhand von historischen Quellen und geomorphologischen Untersuchungen widerlegt.

Die Hohe Tatra ist ein vielbesuchtes Wintersportgebiet. – Foto: V. Bárta

nie ein Sonnenstrahl dringt. Mancherorts sind auch große Flächen ewigen Schnees anzutreffen.

Viele Tiere, die in den meisten europäischen Ländern ausgestorben sind und nur noch in zoologischen Gärten überleben, finden in der Hohen Tatra noch Lebensraum. Die Gemse ist das Symbol der Tatra. Hier leben 900 Exemplare einer einzigartigen Gemsen-Unterart *(Vrchovský tatranský kamzík)*, die sich nach der Eiszeit völlig isoliert entwickelt hat. Außerdem gibt es Hirsch- und Rehwild, Murmeltiere, Fischotter, Luchse, Wildkatzen, Marder, Nerze, Wölfe, Steinadler und Braunbären. Die meisten dieser Tiere sind in den Nationalparks ganzjährig geschützt.

Die Hohe Tatra ist ein traditionelles und vielbesuchtes Wintersportgebiet, ausgerüstet mit Skiliften und zahlreichen Abfahrts- und Übungshängen. Saison ist von Ende Oktober bis Mitte Mai. Im März findet hier der Große Preis der Slowakei, der Europapokal im Abfahrtslauf für Frauen, statt. Mit der am Fuße des Gebirgsmassivs gelegenen hübschen Stadt Poprad hat sich die Region für die Olympischen Winterspiele des Jahres 2006 beworben. Das wichtigste Fremdenverkehrs- und Wintersportzentrum der Hohen Tatra ist der 1018 m hoch gelegene Ort Starý Smokovec. Hier findet alljährlich im Januar die Internationale Rennrodelmeisterschaft statt.

Östlich der Hohen Tatra befindet sich der Pieniny-Nationalpark (Pieninský národný park), in dem vor allem einheimische Pflanzen geschützt werden. Er ist mit 21 km^2 der kleinste Nationalpark der Slowakei, ein wunderschönes Kalksteingebirge, durch das der polnisch-slowakische Grenzfluß Dunajec ein tief eingeschnittenes Tal gegraben hat. Der Name des Nationalparks geht auf den Umstand zurück, daß sich auf den Stromschnellen des Dunajec übermäßig viel Schaum, slowakisch *piena,* bildet, der eine Folge des im Wasser gelösten Kalksteins ist.

Westlich der Hohen Tatra erstreckt sich das Naturschutzgebiet der Beskiden (Beskydy) über 1160 km^2. Es schließt die Mährisch-Schlesischen Beskiden, einen Teil des Javorníky-Gebirges sowie die Vsetinské vrchy (Gipfel von Vsetin) ein. Dieses Gebiet wird vor allem wegen seiner prächtigen Wälder und der wertvollen Bergwiesen geschützt.

Südlich der Hohen Tatra liegt die Niedere Tatra (Nízke Tatry), die zweithöchste Bergkette der Slowakei. Ihre runden Gipfel sind nicht so imposant wie die der Hohen Tatra, dafür ist sie die größere Bergkette. Sie erstreckt sich über eine Länge von 80 km von dem westlich gelegenen Sattel Štúrecké sedlo zum Popovo sedlo im Osten. Der langgezogene Hauptkamm mit seinen Waldgebieten und kahlen, abgerundeten Gipfelpartien teilt sich in zwei Gebirgszüge, die nördlich talwärts nach Liptov und südlich in das Tal des Hron abfallen. Dieser bei Štúrovo in die Donau mündende Fluß bildet den Kern des Nationalparks, der eine Fläche von 811 km^2 einnimmt. Die höchsten und im Sommer wie im Winter meistbesuchten Berggipfel der Niederen Tatra sind der Ďumbier (2043 m) und der Chopok (2024 m). Hier befinden sich auch die schönsten und größten Skigebiete der Slowakei.

Die Niedere Tatra bietet außer ausgedehnten Wäldern gut begehbare große Tropfsteinhöhlen. Am Nordrand der Niederen Tatra im Tal Demänovská dolina liegt beispielsweise eine der beiden slowakischen Eishöhlen, die Demänovská ľadová jaskyňa. Sie wurde bereits 1229 erstmals schriftlich erwähnt und besteht aus zwei Teilen. Ihr tiefer gelegener Abschnitt bildet einen Cañon, an dem sich auch ihr Zugang befindet. Die beste Zeit für einen Besuch ist das Frühjahr, wenn die Eisformationen am schönsten sind und von den riesigen Eiszapfen Wasser auf den gefrorenen See hinuntertropft.

Gipfel der Hohen Tatra. – Foto: Verlag Dajama

Auch die Große Fatra und Kleine Fatra, die südwestlich von der Hohen Tatra und westlich der Niederen Tatra liegen, sind mit ihren bizarren Felsen, Schluchten und Tälern ein beliebtes Ziel für Bergwanderer und Wintersportler.

Die Kleine Fatra (Malá Fatra) erstreckt sich östlich von Žilina (Sillein) zu beiden Seiten des tief eingeschnittenen Tals des Váh, und ihre höchste Erhebung ist der Gipfel Velký Kriváň mit 1709 m. Ihr nordöstlicher Teil umfaßt 200 km^2 und steht als Nationalpark unter Naturschutz. Auch dieser Park besitzt eine reiche Fauna und Flora: Hier gedeihen sowohl wärmeliebende als auch Hochgebirgspflanzen. Die tiefer gelegenen dichten Wälder sind von cañonartigen Schluchten durchzogen.

Die Große Fatra (Vel'ká Fatra) erhebt sich östlich des Flusses Turiec, etwa zwischen den Städten Ružomberok, Banská Bystrica und Martin. Ihr höchster Gipfel ist mit 1592 m der Ostredok.

Der am westlichsten Zipfel der Niederen Tatra gelegene Nationalpark Slowakisches Paradies (Slovenský Raj) ist eine Hügellandschaft von fremdartiger Schönheit. Sie dehnt sich über 140 km² aus und ist bis zu 1266 m hoch. Wasser, Wind und Zeit haben das Kalksteinplateau zu cañonartigen Schluchten mit bis zu 60 m hohen Wasserfällen, Kaskaden und typischen Karsterscheinungen geformt. Die 1870 entdeckte Dobschauer Eishöhle (Dobšinská l'adová jaskyňa) am südwestlichen Rand des Slowakischen Paradieses gehört wegen ihrer Ausmaße und der Vielgestaltigkeit ihres Eisschmucks zu den schönsten Eishöhlen der Welt. Eine ihrer Attraktionen bildet ein 13 m hoher Eisfall.

Südlich des Slowakischen Paradieses erstreckt sich mit einer Länge von 140 km und einer Breite von 40 km das Slowakische Erzgebirge (Slovenské Rudohorie). Es ist ein waldreiches Mittelgebirge, sein höchster Gipfel ist Stolica mit 1476 m. Das Slowakische Erzgebirge besteht aus kristallinen Schiefern und Eruptivgesteinen, die von triassischen Kalken und Dolomiten überlagert werden. Die für diesen Gebirgszug charakteristischen welligen Hochflächen werden von breiten Gebirgskämmen überragt. Die einst reichen Vorkommen an Eisen, Mangan, Kupfer, Blei, Zink und Antimon in diesem Gebiet sind seit dem 14. Jahrhundert abgebaut worden und weitgehend ausgeschöpft. Bergbau wird nur noch bei Spišská Nová Ves am äußersten Nordrand des Slowakischen Erzgebirges betrieben.

Noch weiter südlich in Richtung der slowakisch-ungarischen Grenze befindet sich das bis zu 947 m hohe Karst- und Naturschutzgebiet Slowakischer Karst (Slovenský Kras). Es ist 22 km westlich von Košice, der zweitgrößten Stadt der Slowakei, gelegen und erstreckt sich zwischen den Gemeinden Jelšava, Rožňava und Plešivec. Wie in der Niederen Tatra und im Slowakischen Paradies liegen auch in diesem Nationalpark mehrere zugängliche Tropfsteinhöhlen mit imposanten unterirdischen Schönheiten. Den größten Höhlenkomplex der Region bildet die Höhle von Gombasek (Gombasecká jaskyňa) bei Plešivec, die erst 1951 entdeckt wurde. Berühmt wurde sie durch ihre ungewöhnlich gefärbten Tropfsteine. Eine weitere Höhle in dieser Region bei der Ortschaft Jasov (Jasovská jaskyňa) ist schon seit der 2. Hälfte des 12. Jahrhunderts bekannt und erstreckt sich über etwas mehr als 2 km. Ein besonderes Naturphänomen ist auch die 5 km lange

Klettern im zu Eis erstarrten Wasserfall. – Foto: Verlag Dajama

Höhle Domica, die mit der ungarischen Baradla-Höhle bei Aggtelek, einer der größten Tropfsteinhöhlen der Welt eine Einheit bildet. Bei ihrer Besichtigung kann man eine aufregende Bootsfahrt über eine Länge von 140 m unternehmen.

Berühmt sind auch die 182 m tiefe Karstschlucht von Barazdaláš (Brazda), die zwischen Gombasek und Silica liegt, außerdem die Silická l'adnica, die „Eisschlucht", in der sich in 85 m Tiefe eine starke Eisschicht und Eiszapfen das ganze Jahr über halten.

Die Kleinen Karpaten (Malé Karpaty) liegen nördlich von Bratislava. Sehenswert sind hier abgesehen von den dichten, grünen Wäldern mehrere hübsche Burgen sowie die attraktive Tropfsteinhöhle Driny.

Siedlungsstruktur

In der Slowakischen Republik leben rund 5356000 Menschen. Die durchschnittliche Bevölkerungsdichte liegt bei 109 Einwohnern pro Quadratkilometer und beträgt damit gut die Hälfte der Bundesrepublik Deutschland. Man spricht zwar häufig – wie zur Zeit der Tschechoslowakei üblich – von einer Dreiteilung der Republik in eine westslowakische, eine mittelslowakische und eine ostslowakische Region, das Land ist jedoch administrativ in acht Verwaltungskreise und 79 Bezirke unterteilt.

Die Bevölkerung verteilt sich ausgesprochen unterschiedlich. Es besteht ein starkes Stadt-Land-Gefälle, das auch sozial spürbar ist: Die Lebensverhältnisse auf dem Land sind weitaus bescheidener als in den Städten. Ein Fünftel der Bevölkerung lebt in einem Dutzend größerer Städte mit mehr als 50000 Einwohnern. Vor allem Bratislava übt als Hauptstadt und durch seine wirtschaftliche Bedeutung eine starke Sogwirkung auf die Bevölkerung aus. Hier lag die Bevölkerungsdichte 1995 bei 1227 E/km^2. Bratislava ist mit etwa 450000 Einwohnern auch die größte Stadt der Slowakei, gefolgt von Košice mit 238000 Einwohnern und Žilina mit etwas weniger als 100000. Dies bewirkt ein ausgeprägtes West-Ost-Gefälle, was die Bevölkerungsdichte angeht: Die Tiefebenen und Beckenlandschaften im Süden und Westen sind dichter, die Gebirgszüge im Norden und Osten wesentlich dünner besiedelt. Dies liegt an den relativ schlechten wirtschaftlichen Verhältnissen der Ostslowakei, wobei allerdings die Industriestadt Košice eine Ausnahme bildet. Die Bevölkerungsdichte ist daher im Flußtal des Váh im Westen des Landes relativ hoch, während der im Nordosten im Bergland von Ondava (Ondavská vrchovina) gelegene Kreis Svidník mit nur 52 E/km^2 äußerst spärlich besiedelt ist.

Die Slowakei als Reiseziel

Die Slowakei wird – auch für den westlichen Tourismus – ein immer attraktiveres Reiseziel. Wie in viele Staaten des ehemaligen Ostblocks hat sich die Einreise erheblich vereinfacht. Es ist kein Visum mehr erforderlich, für Aufenthalte bis zu drei Monaten benötigt man lediglich einen gültigen Reisepaß.

Die erste Tatra-Touristin

Die erste belegte touristische Reise in die Tatra unternahm eine selbstbewußte Burgfrau aus Kežmarok, Beata Laská (1515–1576). Mit mehreren Begleiterinnen gelangte sie über das Tal Biela voda (Weißes Wasser) zum Bergsee Zelené pleso (Grüner Bergsee). Ihr Aufstieg wurde bald von Studenten und Professoren aus Kežmarok und Prešov nachgeahmt. Die ersten Touristen hatten es natürlich schwer ohne angelegte Wege, Hütten zur Rast und Übernachtung, von Seilbahnen ganz zu schweigen...

Zudem haben sich in den letzten Jahren sowohl die Straßenverhältnisse als auch die Qualität der Unterkünfte wesentlich verbessert. Man versucht sich auch hier auf gute Dienstleistungen umzustellen, was in der früheren Planwirtschaft nicht nötig war. Heute wird der Kunde zunehmend König: *Náš zákazník – náš pán* (Unser Kunde – unser Herr), wie auf Werbetafeln dokumentiert wird. Es werden auch gute private Unterkünfte angeboten, da viele Slowaken diese neue Einnahmequelle entdeckt haben. Daß besonders deutsche und österreichische Touristen zu den begehrten Gästen gehören, zeigen vor allem in ländlichen Gegenden angebrachte Schilder „Zimmer frei". Bei den Übernachtungspreisen in Hotels sollte man sich noch darauf einstellen, daß hier wie auch in Tschechien höhere Preise von Ausländern genommen werden als von Einheimischen. Dies soll sich jedoch in Zukunft ändern.

Naturschönheiten

Für den Westeuropäer ist die Slowakei noch ein weitgehend unbekanntes Urlaubsland. Dabei bietet sie auf relativ kleinem Raum eine Fülle von Naturschönheiten. Die ausgedehnten, unberührten saftig-grünen Wälder, die imposanten, zum Teil auch im Sommer schneebeckten Hochgebirge bieten gute Wander- und Wintersportmöglichkeiten. Ein gutes Dutzend der mehr als 800 Höhlen ist für Besucher zugänglich. Ihre skurrilen Eisformationen werden – auf Bestellung auch auf deutsch – unterhaltsam beschrieben. Einige der Eishöhlen, z. B. die Dobšinská jaskyňa, dienten vor einigen Jahrzehnten noch als Übungs„räume" für slowakische Eiskunstläufer.

Verbindung zum Meer?

Die 35 slowakischen Gebirgsseen der Hohen Tatra werden nach überlieferten Volkssagen „Meeresaugen" *(Morské oko)* genannt. Früher glaubte man, das kristallklare tiefe Wasser stehe mit dem Meer in Verbindung. Dies glaubte nicht nur das Volk; noch im 18. Jahrhundert befaßten sich mit dieser Frage österreichische Wissenschaftler. So sollte noch 1751 eine kaiserliche mineralogische Kommission erkunden, ob es in den Seen Gezeiten gebe. Man erzählte auch Legenden von Überresten von Segelschiffen in so manchem See. Nicht zufällig heißt der größte slowakische Gletschersee im Osten des Landes im Vihorlat-Gebirge Morské oko.

Die außergewöhnlich vielen Bergseen der Slowakei, die vor allem in der Hohen Tatra liegen, laden allerdings nicht unbedingt zum Bade. Es sind zum größten Teil Relikte der Eiszeit, und ihr Wasser füllt Vertiefungen aus, die das Gletschereis in den Felsen hinterlassen hat. Andere Seen wiederum sind von Felsendämmen umgeben, die sich aus abgerissenem Gestein angehäuft haben. Der höchstgelegene See der Tatra ist Modré pleso (Blauer Bergsee) in 2157 m Höhe. Ihr größter Gebirgssee, Vel'ké Hincovo pleso (Großer Hinzensee), überflutet eine Fläche von fast 20 ha und ist doch über 50 m tief. In manchen Seen, wie etwa im Zmrzlé pleso (Gefrorener Bergsee), schwimmen selbst im Sommer noch Eisstücke auf der Oberfläche.

Eine besondere Attraktion kann man im östlichen Teil der Hohen Tatra im Pieninský národný park (Pieniny-Nationalpark)

Flößerei

Die Flößerei stellte in den tiefen Flußtälern der Slowakei eine weit verbreitete Transportart vor allem für das in Fülle vorhandene Bauholz dar. Die Flößer mußten kräftig und aufmerksam sein, da man in den Bergflüssen urplötzlich mit gefährlichen Felsen, Stromschnellen und Strudeln konfrontiert werden konnte. Sie brachten ihre zusammengebundenen Stämme flußabwärts und kehrten dann zu Fuß zurück. Die Saison ging von April bis Juni, am Ende traf man sich – auch mit den Ehefrauen – zum geselligen Rechnungsabschluß. Allerdings konnte nicht lange gefeiert werden, da die nächste Saisonarbeit schon wartete: das Mähen der grünen Wiesen.

genießen: Auf dem von imposanten Bergen umrahmten polnisch-slowakischen Grenzfluß Dunajec werden Floßfahrten durch die unberührte Landschaft angeboten. Man kann sich auf einer Länge von elf Kilometern dieser faszinierenden Umgebung hingeben und den Erklärungen der einheimischen goralischen Flößer lauschen, die fast zu jeder Quelle, zu jedem Berg eine Legende oder Anekdote zu erzählen wissen (zu den Goralen s. S. 73).

Auch wenn die Slowakei keine gewaltigen Wasserfälle bietet, so schafft doch eine Vielzahl kleinerer natürlicher Wasserfälle in den Gebirgsregionen, vor allem in der Hohen Tatra, eine malerische Kulisse. Dort befindet sich auch der höchste, dreistufige Wasserfall, Kmet'ov vodopád, benannt nach dem slowakischen Botaniker Andrej Kmet': Er ergießt sich donnernd 80 m tief in das Tal Nefcerka.

Heilquellen und Kurorte

Mit mehr als 1200 Mineralquellen zählt die Slowakei zu den quellwasserreichsten Ländern Europas. Die Quellen besitzen ganzjährig Temperaturen zwischen 22 und 92° Celsius. Sie entstanden vor allem durch die Vulkantätigkeit während des Tertiärs, der älteren Formation der Erdneuzeit. Die Heilkräfte der Quellen werden in 23 Kurorten genutzt.

Von besonderer Bedeutung in dieser Hinsicht ist das mittlere Tal des Váh. An seinem Unterlauf nördlich von Bratislava liegen mehrere bekannte und reizvoll gelegene Heilbäder wie Piešt'any (Bad Pistyan) und Trenčianské Teplice (Trentschin-Teplitz). Weitere Thermalbäder und Kurorte finden sich in der Mittelslowakei, in der gebirgigen Region um die an dem Fluß Bystrica gelegenen alten Bergbaustädte Banská Bystrica (Neusohl), Zvolen (Altsohl) und Sliač. In Sliač sind die kohlensauren warmen Quellen ähnlich zusammengesetzt wie die Quellen von Bad Nauheim und heilen Herzerkrankungen und Kreislaufstörungen. Im Bezirk Bardejov (Bartfeld), im Norden der Ostslowakei, finden sich bei Bardejovské kúpele (Bad Bartfeld) acht Heilquellen. Hier sollen Trinkkuren vor allem bei Verdauungskrankheiten helfen.

Wohlhabende Kurgäste aus aller Welt kommen schon seit langem, heute aber können sich hier auch Leute mit schmaleren Geldbörsen einen erholsamen Kuraufenthalt leisten. Weltweit bekannt ist Piešt'any, das im ganzjährigen Betrieb besonders rheumatische Krankheiten zu kurieren verspricht. Hier ist nicht nur Deutsch zu hören, die Gäste kommen aus mehr als 50 Ländern. Seit 20 Jahren gehören zu ihnen auch Araber, von denen manche hier sogar als Investoren eingestiegen sind. In diesem Bad, das durch Österreicher und Ungarn im 19. Jahrhundert seinen größten Boom erlebte, soll Beethoven seinen Brief „an die unsterbliche Geliebte" geschrieben haben.

Historisches und sozialistisches Erbe

Sehenswert in der Slowakei sind auch die vielen Burgen, Ruinen und Denkmäler. Eine architektonische Besonderheit sind die zahlreichen Holzkirchen in der Ostslowakei, vor allem in den ukrainischen Dörfern in der Umgebung von Bardejov, Svidník und Humenné. Diese im 17. Jahrhundert erbauten protestantischen Holzkirchen unterlagen dem Edikt von 1681, das besagte, eine protestantische Kirche dürfe nur außerhalb der Stadtmauern und nur vollständig aus Holz errichtet werden (sei somit auch weit vom Wiener Kosmopolitismus entfernt). Ein wunderschönes Beispiel hierfür: die Kirche in Kežmarok, die mit ausländischer Unterstützung in den letzten Jahren renoviert worden ist.

Seit Ende der 80er Jahre wurden große Anstrengungen unternommen, das reiche slowakische Kulturerbe zu bewahren. 17 Stadtkerne und fast hundert Burg- und Schloßanlagen des Landes wurden unter Denkmalschutz gestellt.

Die Burgruine Devín

Besonders geschichtsträchtig ist die 9 km von Bratislava flußaufwärts gelegene Burgruine Devín (Theben). Sie wird immer noch archäologisch erforscht und so weit möglich restauriert. Die Burg, die auf einem Felsen über dem Zusammenfluß von Morava und Donau thront, wurde zum ersten Mal im 5. Jahrhundert vor Christus erwähnt. Die mährische Herzogstochter Devoina soll sie gegründet und ihr den Namen gegeben haben. Im 19. Jahrhundert machten L'udovít Štúr und die slowakischen Nationalisten Devín zum Symbol ihrer vernachlässigten Nation. Vor den Ereignissen des Jahres 1848 organisierten sie an dieser Stätte mehrere Manifestationen.

Die Burg von Nitra mit der romanischen St. Emmeranskirche. – Foto: V. Bárta

Die vielen Felsenburgen, deren ehemalige Mächtigkeit man noch erahnen kann, sind als Antwort auf die Bedrohung durch andere Völker entstanden. Die bedeutendste und imposanteste slowakische Burg ist die westlich von Levoča gelegene Zipser Burg (Spišský hrad, s. Umschlag). Sie wurde im 12. Jahrhundert errichtet und ist die größte Burg Mitteleuropas.

Zwar sind in einigen Stadtkernen noch Restaurationsarbeiten zu sehen, viele Bauten haben aber schon neue, prunkvolle Fassaden erhalten, die den früheren Reichtum widerspiegeln. So wurde auch die alte Bischofsstadt Trnava anläßlich ihres 750jährigen Stadtjubiläums (1988) sorgfältig restauriert. Die Fülle schöner Bauwerke, in der sich die große Bedeutung der Stadt als religiöses und kulturelles Zentrum Ungarns in der langen Epoche der türkischen Herrschaft über den südlichen Landesteil zeigt, hat der Stadt den Ehrennamen „slowakisches Rom" beschert.

Ähnliches gilt für die älteste Stadtanlage der Slowakei, für Nitra (Neutra). Der Ort mußte bereits seit einigen Generationen bewohnt gewesen sein, als im Jahr 829 der slawische Feudalherr Pribina den Erzbischof Adalram von Salzburg dafür gewinnen konnte, hier eine Hofkirche zu weihen. Mojmir I., Fürst des Großmährischen Reichs, eroberte die Stadt wenig später und baute sie großzügig aus. Sehenswert sind hier die aus späteren

Jahrhunderten stammende Burg mit der Emmeranskirche, die Pestsäule, die Kathedrale und die St. Stephans-Kirche.

In der Mittelslowakei, wo keine großstädtischen Zentren entstanden sind, haben sich im Süden mit seinen ergiebigen Vorkommen an Kupfer, Silber und Gold einige Bergbaustädte entwickelt, die sich aus ihrer mittelalterlichen Blütezeit architektonisch wertvolle Stadtanlagen, Kirchen und Bürgerhäuser bewahren konnten. Banská Bystrica ist die wohl interessanteste Bergbaustadt der Region. Sie hat heute etwa 56000 Einwohner. Der Ort hatte seine Blüte im 15. und 16. Jahrhundert mit eigenem Münzrecht und einem den europäischen Markt dominierenden Silber- und Kupferhandel. Die meisten der um den Marktplatz errichteten Häuser bewahren trotz vieler Umbauten in Renaissance und Moderne gotische Elemente.

In dem durch Silber reich gewordenen Zvolen ist vor allem das 1382 errichtete imposante Schloß von Interesse. Nach seiner Restaurierung dient es als Museum für eine wertvolle Sammlung der slowakischen Kunst des Mittelalters.

Dank der großen Anstrengungen, das eigene Kulturerbe zu erhalten und – auch für Besucher – attraktiver zu machen, zeigen nur noch wenige slowakische Orte und Städte das sozialistische Erbe: halbverfallene Häuser, hinfällige Fassaden, schlechte und enge Straßen. Die wenig ansehnlichen Plattenbauten werden allerdings längerfristig erhalten bleiben.

Daß natürlich noch viele Altlasten aufzuarbeiten sind, liegt daran, daß man für slowakische Verhältnisse astronomische Summen braucht, um die vielen Baudenkmäler zu restaurieren. Zahlreiche von ihnen sind wegen ihrer architektonischen Schönheit in die Unesco-Weltkulturerbeliste aufgenommen worden. Ohne solche hohen Subventionen wäre ihre Restaurierung nicht möglich. In Banská Štiavnica beispielsweise konnten bisher nur ausgewählte Baudenkmäler, darunter die ursprünglich spätromanische Basilika des heiligen Nikolaus, die spätgotische Katharinenkirche, der barocke Kalvarienberg sowie das Alte und Neue Schloß, restauriert werden. Die Renovierung einiger architektonisch wertvoller Wohngebäude steht aber immer noch aus. Und selbst in Bratislava kann der wiederhergerichtete Stadtkern im attraktiven Habsburger Barock, der besonders in den heißen Sommermonaten eine angenehme romantische Atmosphäre vermittelt, nicht darüber hinwegtäuschen, daß 200 m weiter in einer schmalen Seitengasse einiges noch halbverfallen dasteht. Die rührige Geschäftigkeit, die zahlreichen guten Restaurants, Geschäfte und das große Kaufhaus Tesco oder auch MacDonald's am Kamenné námestie (Steinerner Platz) dokumentieren jedoch, daß in die Hauptstadt viel investiert wurde und die westeuropäischen Metropolen ihr Vorbild sind.

Brauchtum und Traditionen

Die ursprüngliche ländliche und naturverbundene Lebensweise in der Slowakei hat sich vielerorts durch Zwangskollektivierung und Industrialisierung verändert. Manche Dinge haben jedoch überlebt: die kleinen Felder, die Fachwerkhäuser und nicht zuletzt die Lieder, Tänze, Bräuche und Trachten der verschiedenen Regionen der Slowakei. Seit Alters her gibt es zahlreiche Feste im Jahreszeitenzyklus, wie z. B. das Fest der Frühlingsbegrüßung im Gebiet Liptov sowie verschiedene Hirtentraditionen. Vielerorts gehören auch die Bemalungen der traditionellen Holzhäuser zu den jeweiligen Charakteristiken eines Gebiets. Ein slowakisches Dorf par excellence in dieser Hinsicht ist das südwestlich von Martin gelegene Dorf Čičmany. Hier ist jedes Häuschen mit zum Großteil abstrakten Dekorationen, mit weißen Schneeflocken, Blumen und Zickzacklinien verziert. Diese Tradition beschränkt sich allerdings auf die isolierte Čičmany-Region.

Die Tracht von Ždiar

In dem im Norden der östlichen Tatra gelegenen kleinen Ort Ždiar mit 1300 Einwohnern hat sich dank der Lage an der Handelsstraße von Spišská Belá nach Polen eine besondere goralische Tracht entwickelt. Seine Bewohner konnten leicht Material für spezielle Details ihrer Tracht erwerben, mit denen sie sich bald von anderen goralischen Gemeinden unterschieden. Typischer Bestandteil der Frauentracht ist das sogenannte *raňtuch,* ein gerader Streifen aus Leinen, verziert mit einem besonderen Stickmuster aus weißem Baumwollgarn. Zu dieser Tracht gehören auch charakteristische Kopfbedeckungen, bei verheirateten Frauen eine bunt bestickte Haube *(čepiec),* bei den Männern ein farbig bestickter Hut, *kapelušok* genannt.

Ein Fujara-Spieler aus Detva

Die alten volkstümlichen Feste werden immer noch gern gefeiert: Im Juni z. B. findet je eines in Myjava und in Východná und im Juli eines in Krakovany (Bezirk Trnava) statt. Ferner gibt es im August noch das internationale Folklorefest in Hnúšt'a sowie ein Folklorefest der Weihnachtsbräuche in Tisovec im Bezirk Rimavská Sobota. Ein besonders attraktives Folklorefest wird in dem Dorf Detva, das auch für seine Holzschnitzereien berühmt ist, veranstaltet. Hier wird auch die *fujara*, eine Kreuzung zwischen Flöte und Fagott, hergestellt, eine slowakische Besonderheit.

Holzschnitzerei hat eine sehr lebendige Tradition in der Slowakei: Es haben sich fast 120 Geigenarten erhalten; das Repertoire reicht von Kinder- bis zu Schrankgeigen. Auch in Kežmarok stellen die Meister der Holzbearbeitung jedes Jahr im Sommer auf einem internationalen Handwerkerjahrmarkt ihre Geschicklichkeit zur Schau.

Man stellt heute auch Nachahmungen der traditionellen Produkte her und variiert sie; darunter sind Volkstrachten, Keramik, Töpferwaren und Majolika, die Figuralkunst, Hinterglasmalerei, Stickereien, Flechtwerk, bemalte Ostereier und vor allem Schnitzereien.

Juraj Jánošík, der slowakische Robin Hood

Zahlreiche volkstümliche Legenden ranken sich um den 1688 in Terchová bei Trenčín geborenen Räuberhauptmann Juraj Jánošík. Heute befindet sich in seinem Geburtsort ein kleines Museum, in dem auch sein berühmter messingbeschlagener Gürtel (sein Talismann) und sein kecker Hut ausgestellt sind. Da er auf Seiten des unterdrückten Volkes gestanden und seine Aktivitäten gegen den herrschenden Adel gerichtet hat, wurde er schon früh zum Symbol des Protests. Verschiedene Elemente seines Lebens wurden von der Mitte des 18. Jahrhunderts an auch in Polen, in der Ukraine, in Schlesien und Mähren bekannt. Einige weit verbreitete Motive sind: Diebstahl, übernatürliche Kräfte, die Wahl zum Räuberhauptmann, die Bestrafung der Feudalherren, das Beschenken der Armen, die Hinrichtung Jánošíks, Klagen über das Unglück und die Hoffnung auf Freiheit. Diese Motive werden noch heute in der Literatur, in Liedern, in der Volksdichtung, Holzschnitzerei und Malerei lebendig gehalten. Auch der slowakische Film hat sich des Themas Jánošík mehrfach angenommen: Noch 1962 entstand eine zweiteilige Verfilmung seines Lebens, die auch heutzutage noch gezeigt und gern gesehen wird.

Kulinarisches

Brot und Salz werden Gästen heute nur noch symbolisch angeboten, um so mehr kann man sich in der Slowakei die typischen Gerichte schmecken lassen. Die Basis der slowakischen Küche bilden Kraut, Gemüse überhaupt, Obst, Milch und Quark und vor allem: die Kartoffel. Sie ist die Grundlage aller traditionellen slowakischen Spezialitäten. In früheren Jahrhunderten herrschte in vielen Gegenden der Slowakei große Armut, es gab daher wenig Fleisch. So wurde die Bevölkerung erfinderisch, was die Kartoffelzubereitung anbelangt. Man genoß die Kartoffel nicht nur duftend auf Kohlen gebacken oder gekocht als Beilage, sondern verarbeitete sie vielfältig zu schmackhaften Pfannkuchen, Kartoffelpuffern, Knödeln, Nudeln und Piroggen mit verschiedenen Füllungen, alles aus Kartoffelteig, zuweilen auch mit Zucker und Mohn bestreut.

Ein weiteres Charakteristikum hat der slowakischen Küche der ungarische Einfluß mitgegeben. Dadurch ist sie mannigfaltiger als beispielsweise die tschechische und verwendet auch reichlicher

Gewürze, besonders Paprika und Pfeffer. Fast als Nationalgericht kann man ein mit Paprika bereitetes Gulasch bezeichnen, das mit Kartoffeln oder Hefeknödeln serviert wird.

Bei den Fleischgerichten hat die Zubereitung von Wildfleisch eine lange Tradition. Beliebt sind auch Schlachtspezialitäten aus Schweine- und Hammelfleisch sowie allerlei Spießbraten. In den Gebieten mit Schafzucht sind gefüllte Lammbrust oder Lammgulasch ausgezeichnete Spezialitäten. In der Westslowakei und um Bratislava gehören auch gebratene Gänse und Enten zum kulinarischen Angebot und sind typisch für diese Region. Sehr einladend ist da zum Beispiel der Brauch in der Gemeinde Slovenský Grob unweit von Bratislava, in der Zeit zwischen dem Beginn der Weinlese und Ende November jeden Donnerstag ein Gänseschlachtfest zu veranstalten. In vielen Häusern werden dann Gänse angeboten. Zum Gänsebraten werden anstelle anderer Beilagen, wie könnte es anders sein, in Gänsefett gebratene Kartoffelpuffer *(lokše)* serviert.

Eine besondere Tradition in der Geschichte der slowakischen Gastronomie haben berühmte Schafkäsesorten wie die *bryndza* (Brimsen) aus Liptov sowie der geräucherte Schafkäse *oštiepok* und die gedämpfte *parenica* aus Brezno erobert. Den Brimsen kann man auf verschiedene Arten genießen, ein besonders traditionelles slowakisches Gericht, *Bryndzové halušky* (Brimsennockerln), empfiehlt dazu Nudeln aus Kartoffelteig *(halušky)* und Speck.

Eintöpfe stellen einen weiteren wesentlichen Bestandteil der alltäglichen slowakischen Küche dar. Außer den jeweiligen Hauptzutaten, z.B. Kraut, Kartoffeln, Knoblauch, Brimsen, Bohnen,

Lokše

Zutaten: 800 g Kartoffeln, 1 Ei, 300 g Mehl, Mehl für das Nudelholz, Salz, 150 g Gänseschmalz.
Zubereitung: Die erkalteten Pellkartoffeln schälen, zerreiben oder zerdrücken, Salz, Ei, Mehl dazugeben und daraus einen Teig rühren. Mit dem bemehlten Nudelholz die *lokše* mit einem Durchmesser von 10 bis 12 cm etwa 1 bis 2 cm dick auswälzen. In der Pfanne auf Gänseschmalz braten. Man kann *lokše* als Beilage zu Fleisch anrichten oder auch mit verschiedenen Füllungen servieren.

Eine lokale Spezialität: Korbáčiky (gedrehte Käsestreifen). – Foto: S. Vykoupil

Pilze oder Linsen, enthalten die Eintöpfe eine Einbrenne aus Mehl, Sahne und Schmalz und werden mit Sahne, Speck, Wurst oder Fleisch verfeinert.

In der Slowakei trinkt man traditionell mehr Wein als Bier. Der Weinbau wird durch das warme und trockene Klima im Süden der Slowakei begünstigt und wurde bereits in keltischer und römischer Zeit importiert. Wein aus Bratislava trank man schon im 13. Jahrhundert an ungarischen königlichen Tafeln.

Das größte Weinanbaugebiet beginnt bei Bratislava und erstreckt sich in nordöstlicher Richtung bis nach Smolenice in die Gegend von Trnava. Es ist 50 km lang und besteht aus zusammenhängenden Weinbergen, deren Gesamtfläche etwa 4000 ha beträgt. Es gibt nicht nur viele typische Marken, sondern auch die dazugehörigen charakteristischen Weinkeller. Die bekanntesten Weinsorten sind *Veltlínské zelené* (Grüner Veltliner), *Silvánské* (Silvaner), *Vlašský rizling* (Walachischer Riesling) und *Rača,* der beste Rotwein der Sorte *Frankovka.* In den reizvollen Weinstädtchen Modra, Svätý Jur pri Br. und Pezinok – alle

Bryndzové halušky

Zutaten: 1,2 kg Kartoffeln, 400 g Mehl, 150 g Speck, 300 g Brimsen, 50 g süße Sahne (12%), Schnittlauch, gemahlener Pfeffer, Majoran, Knoblauch, 1 Ei, 50 g Schweineschmalz.
Zubereitung: Die geschälten Kartoffeln zerreiben, das Mehl, das Ei und die Gewürze dazugeben. Die Mischung zu Teig verarbeiten. Vom Teig kleine Stücke abschneiden, daraus kleine Knödel formen und in kochendes Salzwasser geben. Die gekochten Nockerln abgießen. Den Brimsen mit Sahne vermischen, den Speck in Schmalz anbraten und beides über die Nockerln gießen. Man ißt die kleinen Kartoffelknödel als Fleischbeilage, kann sie aber auch mit Quark, gebratenem Kraut oder Eiern vermischt genießen.

unweit von Bratislava – finden jedes Jahr im September Weinfeste statt.

Sonst wird auch zunehmend Bier getrunken: Man kann sich mittlerweile zwischen zehn slowakischen Biersorten entscheiden. Hochprozentige Getränke aus eigener Herstellung haben ebenfalls eine lange Tradition. Besonders beliebt sind die *borovička* (Wacholderschnaps) und die *slivovica* (Pflaumenschnaps). Eine Spezialität der Tatra ist der Tatra-Tee, eine eine Art Grog, bestehend aus Kräutertee, der mit Zimt, Nelken, Zitronenschale, Karamellzucker und vor allem mit hochprozentigem Alkohol verfeinert wird.

In der Slowakei genießt man Speisen und Getränke gerne auch gesellig in Restaurants und Bierlokalen. Eine besondere, auch touristisch interessante Art von Gaststätten findet sich im Süden des Landes: die *Čardas*. Das sind spezielle Restaurants ungarischer Tradition, in welchen ein Primas, der Solist und Vorgeiger einer Zigeunerkapelle, mit Zigeunermusik zu flambierten Speisen und vorzüglichem Wein einlädt.

Viele stilvolle Restaurants, vor allem in der Tatra, werden *koliba* genannt, eine Anspielung auf die früheren Almhütten, in denen man nach langen Wanderungen eingekehren konnte. Eine doppelte Anspielung sind die mit *Zbojnická koliba* (Räuberhütte) lockenden Schilder. Sie bieten Zigeunermusik, gutes Essen und machen gleichzeitig eine alte Räubertradition wieder lebendig, denn in den slowakischen Bergen haben seit eh und je Verfolgte wie der berühmte Jánošík Zuflucht gesucht. Eine moderne Variante des Raubs in diesen vorzüglichen Restaurants: Nach dem Genuß des Tatra-Tees werden Gästen die Krawatten abgeschnitten und an die Decke gehängt. Die lachende Entschuldigung des Wirts lautet: „Alles, was nach einem Tatra-Tee noch hängt, wird abgeschnitten!"

Nationalitäten in der Slowakei – früher und heute

Die Slowakei war und ist kein klassischer Nationalstaat. Heute bezeichnen sich etwa 86% ihrer 5,36 Mio. zählenden Bevölkerung als Slowaken.

Das Land war in seiner geschichtlichen Entwicklung seit dem Mittelalter vor allem durch seine Zugehörigkeit zunächst zu Ungarn, nach 1526 zu Österreich-Ungarn und anschließend zur Tschechoslowakei ein ausgesprochen multikulturelles Gebiet. In Bratislava beispielsweise haben – auch durch seine Nähe zu Wien bedingt – lange, bis ins 20. Jahrhundert hinein, die Deutschen die Mehrheit der Bevölkerung gestellt. 1880 waren von den 48006 Einwohnern 31492 Deutsche, 8977 Ungarn und 7537 Slowaken. Selbst noch bei der Volkszählung 1900 überwogen von den drei zahlenmäßig größten Bevölkerungsgruppen die Deutschen mit 33202 Personen (von 65867) neben 20102 Ungarn und 10715 Slowaken.

Auch auf dem Staatsgebiet der ehemaligen Tschechoslowakei, zu dem damals auch die Karpato-Ukraine im Osten gehörte, stellten Slowaken und Tschechen 1930 lediglich zwei Drittel der Gesamtbevölkerung. Die übrige Bevölkerung verteilte sich auf 3,32 Mio. Deutsche (22,5%) (auf dem Gebiet der Slowakei waren es mit 156000 allerdings nur 4,7%), 720000 Ungarn (4,9%), 730000 Karpato-Ukrainer (5%), 100000 Polen (0,7%) und 204000 Juden (1,4%).

Von dieser starken nichtslowakischen Bevölkerung des Landes ist heute nur ein Bruchteil geblieben. Besonders nach 1945 hat sich die ethnische Zusammensetzung der Bevölkerung in der Tschechoslowakei – wie auch in den anderen europäischen Staaten – gravierend verändert. In den 35 Jahren bis 1980 erhöhte sich ihre Einwohnerzahl zum einen um etwa ein Drittel und be-

Buntes Völkergemisch im Nordosten

Vor allem im Nordosten der Slowakei sind die Nationalitäten bunt gemischt. In einem Dorf dominieren Deutsche, im nächsten Goralen, im dritten Ukrainer (Ruthenen). Die Roma sind hier fast überall vertreten. In der Gegend Zamagurie fast an der polnischen Grenze ist das Dorf Haligovce beispielsweise hauptsächlich von Goralen bewohnt, das 15 km Luftlinie südöstlich liegende Dorf Jakubany ist ruthenisch und das auch nur einige Kilometer entfernte Chmel'nica wieder deutsch. Wie vielerorts in der Slowakei kommt man im Alltag gut miteinader aus, alle versichern immer wieder, nur die Politiker würden Probleme aufwerfen. Dennoch macht man sich auch manchmal übereinander lustig. Eine gutmütig gemeinte goralische Kostprobe zur Entstehung des ruthenischen Dorfes Jakubany: Ein Flugzeug hat seine Passagiere genau über dieser Stelle abgeworfen. Alle, die mit ihren Füßen aufgekommen sind, sind schnell weggelaufen, nur diejenigen, die mit dem Kopf aufkamen, sind dageblieben.

trug 1980 15,3 Mio. Zum anderen setzte sich die Gesamtbevölkerung nun aus 64% Tschechen, 30,6% Slowaken, aber nur noch aus 4% Ungarn, 0,6% Deutschen, 0,45% Polen und 0,35% Ukrainern zusammen.

Betrachtet man die derzeitige Bevölkerungsstruktur der Slowakei (1996), ergibt sich dennoch ein vielfältigeres Bild: rund 86% Slowaken, 10% Ungarn, 1,6% Roma, 1% Tschechen, 0,6% Ukrainer, 0,1% Deutsche sowie 0,06% Polen und 0,03% Russen. Ruthenen (Russinen) und Goralen sind als Ukrainer bzw. als Polen erfaßt.

Die größte Minderheit: die Ungarn in der Süd- und Südostslowakei

Beim Friedensschluß von Trianon am 4.6.1920 zur Beendigung des Ersten Weltkriegs verlor Ungarn zwei Drittel seines Staatsgebiets, darunter auch die Slowakei an die Tschechoslowakei. Etwa 7% der ungarischen Bevölkerung blieben auf dem Gebiet der Slowakei und 20% der slowakischen Bevölkerung im heutigen Ungarn. Bei der Volkszählung von 1921 bekannten sich 21,5% der Bevölkerung in der Slowakei (634827 von 2955998) zur ungarischen Nationalität.

Stellung der Ungarn in der Tschechoslowakei

Vor 1918 war die Unterrichtssprache an den meisten Schulen auf dem Gebiet der Slowakei ungarisch. Nach 1918 entstanden sogenannte ungarische Minderheitenschulen in Gebieten mit mindestens 20% ungarischer Bevölkerung. Zur Zeit der Tschechoslowakei verfügten die Ungarn in der Slowakei daher über ein gut ausgebautes Schulwesen.
Vor dem Umbruch 1989, den die ungarische Minderheit übrigens engagiert mittrug, existierten in Form des „Komitees zum Schutz der Rechte der nationalen Minderheiten" inoffizielle Assoziationen zum Schutz der ungarischen Minderheit.

Heute machen die ethnischen Ungarn 10,6% der Gesamtbevölkerung der Slowakei aus und stellen die größte Minderheit des Landes (1996: etwa 570000). Sie leben vorwiegend in der südlichen und südöstlichen Slowakei. Es gibt hier entsprechend viele ungarisch-slowakisch gemischte Ehen und häufig Zweisprachigkeit im Alltag. Die ungarische Sprache wird oft schon in den Kindergärten gepflegt, und in manchen Orten wird auch nur Ungarisch gesprochen. Nach dem Zusammenbruch des Kommunismus 1989 gab es in der Minderheiten-Politik Bratislavas einen Zick-Zack-Kurs. Mittlerweile hat sich die Situation für die ethnischen Ungarn jedoch so weit konsolidiert, daß sie eine gut gesicherte nationale Existenz in der Slowakei führen können.

Gegenwärtig nutzt die ungarische Minderheit fast 300 Kindergärten, mehr als 250 Grundschulen und fast ein Dutzend Gymnasien, in denen ausschließlich von ungarischen Lehrern in ungarischer Sprache unterrichtet und Slowakisch als Fremdsprache gelehrt wird. Zudem bestehen an 30 Grundschulen und acht Gymnasien slowakische und ungarische Schulklassen nebeneinander. Für die Ausbildung der ungarischen Lehrer in der ungarischen Sprache ist ebenfalls gesorgt.

Der ungarische Einfluß in der südlichen und südöstlichen Slowakei ist allerorts zu spüren. In Städten, die zu mindestens 20% ungarisch sind, sind zweisprachige Ortsschilder üblich. Ebenso sind an vielen Geschäften und Behörden zweisprachige Schilder angebracht, in manchen Gegenden nur ungarische. Die meisten Speisekarten sind zweisprachig. Betritt man eine Buchhandlung in diesen Regionen, so findet man mehrheitlich sogar nur ungarischsprachige Literatur. In den Geschäften wird man in manchen Orten anstatt mit dem slowakischen *nech sa páči* (bitte) mit dem ungarischen *tessék* begrüßt. Die Ungarn verfügen über 13 eigene Periodika, darunter auch eine landesweit erscheinende Tageszeitung, zwei Fakultäten, zwei Theater und einige Verlage.

Historische Lasten der Madjarisierungspolitik im 18. und 19. Jahrhundert

Obwohl die slowakisch-ungarischen Beziehungen im Alltag und vor allem auf dem Land weitgehend unbelastet sind, findet man auf politischer Ebene häufig verhärtete Fronten vor. Die offiziellen Protagonisten der Auseinandersetzung sind heute die ungarische Partei *Együttelés* und die Slowakische Nationalpartei *(SNS)*. Die Wahlen 1998 haben die politischen Rollen umgekehrt: Erstmalig sind die Ungarn an der Regierung beteiligt, während die SNS in die Opposition gehen mußte.

Daß viele Slowaken die häufiger geäußerten Forderungen der ungarischen Minderheit und des ungarischen Nachbarstaates gereizt aufnehmen, hat mehrere Gründe. Die Verständigung wird vor allem durch die spezifische Entwicklung des slowakisch-ungarischen Verhältnisses bestimmt, das von den besonderen Wechselbeziehungen zwischen Mehrheit und Minderheit geprägt ist. Die in der Slowakei lebenden Ungarn haben in früheren Jahrhunderten in vielen Gegenden der herrschenden Mehrheit angehört. Sie waren diejenigen, denen „Oberungarn" gehörte, also die Oberschicht des Landes, während die Slowaken vorwiegend seine bäuerliche Bevölkerung stellten. Die Ungarn sind auch alles andere als tolerant mit den Slowaken umgegangen. Durch die Madjarisierungspolitik gegenüber den Slowaken im 19. Jahrhundert sei, so meinen viele, die Existenz des slowakischen Volkes in Ungarn vor dem Ersten Weltkrieg gefährdet gewesen. Allein die Gründung der Tschechoslowakischen Republik habe sein Fortbestehen gesichert, auch wenn in dem neuen Staat die in der Verfassung garantierte Gleichstellung der Slowaken mit dem tschechischen Volk nicht verwirklicht wurde. Zudem wird den Ungarn immer noch unterstellt, sie wollten sich nicht mit dem Verlust der Slowakei abfinden.

Unvergessen bei den politischen Auseinandersetzungen bleibt ferner, daß Ungarn, gestützt auf die Achsenmächte, im November 1938 und im März 1939 die vorwiegend ungarisch besiedelten Gebiete der Südslowakei annektierte. Daher rührt die Angst vor ungarischem Separatismus und Annexionsabsichten. Die slowakisch-ungarischen nationalen Gegensätze überdauerten zwei Kriege und belasten noch heute verborgen und offen die politischen und gesellschaftlichen Beziehungen zwischen Slowaken und Ungarn.

Die Deutschen in der Zips

Deutsche Siedler hatten seit dem Mittelalter einen beträchtlichen Anteil an der Gestaltung des Lebens auf dem Gebiet der Slowakei. Die heute nur noch etwa 5400 Angehörigen der deutschen Minderheit leben vor allem in ihrem traditionellen Gebiet, in der Zips (Spiš, um Poprad) in der Ostslowakei.

Die deutsche Besiedlung einzelner Gebiete der Slowakei hat bereits im 12. Jahrhundert unter Géza II. eingesetzt – für den Oktober 1150 ist die Ankunft der ersten deutschen Siedler in der Zips auf dem Hochplateau südöstlich der Hohen Tatra belegt. Sie kamen vorwiegend aus Schlesien und Mitteldeutschland und waren größtenteils angeworbene Bauern. Man bezeichnete sie bald – ohne Rücksicht auf ihre Herkunft – als „Zipser Sachsen". Die Zips liegt im östlichen Vorland der Hohen Tatra, umfaßt das Leutschauer Gebirge (Levočské vrchy) und die Zipser Magura (Spišská Magura) und dehnt sich über fast 3700 km^2 aus.

Im 13. Jahrhundert kamen weitere Deutsche ins Land, diesmal wurden aus Bayern stammende Bergleute und Handwerker im Tal des Flusses Hnilec in Göllnitz (Gelnica) angesiedelt – auch eine Initiative der ungarischen Könige. Vor allem nach dem Mongolensturm von 1241 fehlten Arbeitskräfte für den aufstrebenden Bergbau. Die Siedler wurden besonders durch die reichen Erzvorkommen der Zipser Gegend angezogen und gründeten hier im 13. und 14. Jahrhundert zahlreiche Ortschaften, wie z. B. Rosenau (Rožňava) und Preschau (Prešov). Auch Bartfeld (Bardejov) in der Ostslowakei wurde im 14. Jahrhundert von deutschen Webern aufgebaut. Die slowakische Geschichtsschreibung hebt jedoch – zu Recht – hervor, diese Orte seien keine völligen Neugründungen der deutschen Einwanderer gewesen, sondern sie seien vielmehr an Orten errichtet worden, an denen schon slawische Siedlungen vorhanden waren.

Aus der Gemeinschaft der deutschen Einwanderer, der „Zipser Sachsen“, entwickelten sich die „Zipser Städte“. Der ungarische König Stefan V. erteilte ihnen bereits 1271 weitreichende Privilegien. 1344 gründeten 24 der Zipser Städte eine Föderation und erkoren zunächst die etwa 15 km östlich von Leutschau (Levoča) gelegene Zipser Burg und später im 16. Jahrhundert die königliche Stadt Leutschau selbst zu ihrer Residenz. Heute ist der südlich davon gelegene Ort Zipser Neudorf (Spišská Nová Ves) die Hauptstadt der Zips. Fünf Jahre später schlossen sich auch die weiter südlich gelegenen „Sieben Zipser Bergstädte“ um die freie Stadt Göllnitz zu einer Föderation zusammen. Die 24 Zipser Städte bildeten seit 1370 eine Gemeinschaft unter einem Grafen mit eigenem halbautonomen Selbstverwaltungsrecht, das die „Zipser Willkür“ genannt wurde.

Die Geschichte der Zipser Städte war bewegt: 1412 wurden 13 von ihnen und drei weitere Kronstädte an Polen verpfändet, was zur Teilung der ursprünglichen Föderation führte. Der Grund hierfür war die Geldnot Sigismunds, des Kaisers des Heiligen Römischen Reichs (seit 1411/12; König von Ungarn und Böhmen seit 1419/36), im Krieg gegen Venedig. Er verpfändete

Die „Zipser Willkür“

Der Ausdruck bezeichnet eine Sammlung von rechtlichen Gewohnheiten und Normen der Zipser Sachsen. Das den deutschen Kolonisten 1271 vom ungarischen König Stefan V. verliehene Privileg erlaubte es ihnen, sich nach dem eigenen Gewohnheitsrecht zu richten, das sie aus der deutschen Heimat mitgebracht hatten. 1312 wurde es auf 24 Zipser Städte und Gemeinden ausgeweitet. Dieses Gewohnheitsrecht basierte auf dem ältesten Rechtsbuch des deutschen Mittelalters, dem Sachsenspiegel, und wurde 1370 als „Zipser Willkür“ kodifiziert. Ursprünglich richteten sich alle Zipser Städte nach diesem Gesetzbuch, am längsten, bis 1774, konnte ihn der Bund der 13 Zipser Städte verwenden. Das Recht ist in verschiedenen Abschriften erhalten, der vollständigste Text aus Leutschau (1540) wurde in Wien 1774 von K. Wagner in seiner Arbeit *Analecta Scepusii sacri et profani I* herausgegeben.

sie an den polnischen König Władisław II. (reg. 1386–1434). Diese 16 Städte bildeten während ihrer Verpfändung bis 1772 die *Starostia Spisz*, die dem Krakauer Woiwoden, dem obersten Beamten der Provinz Krakau, unterstand. Da ein polnischer *starost* (Vorsteher) dort als Vertreter des polnischen Königs seinen Sitz hatte, intensivierten sich die Handelsverbindungen zu Polen.

Nach den Bedingungen der Verpfändungsurkunde blieben die Gebiete unteilbarer Bestandteil Ungarns, dem polnischen König sollten lediglich die finanziellen Einnahmen dieser durch Bergbau, Fernhandel und Handwerk reich gewordenen Region zukommen. Die Verpfändung sollte baldmöglichst gegen die Rückzahlung der geliehenen Geldsumme aufgehoben werden. Schon 1419 wollte Sigismund die Summe zurückzahlen, doch der polnische König verweigerte die Geldannahme und damit die Rückgabe der Pfänder. So dauerte die Verpfändung insgesamt 360 Jahre und wurde erst mit der ersten polnischen Teilung im Jahr 1772 aufgehoben. Sechs Jahre später entstand die Provinz der 16 Zipser Städte. Sie konnten als privilegierte Gebietseinheiten agieren, bis ihnen 1876 diese Privilegien im ungarischen Staat genommen wurden. Nach dieser erheblichen Einschränkung wanderten bis 1914 über 25 000 Zipser nach Nordamerika aus.

Der Reichtum der Zips wurde vor allem durch Erzabbau begründet. Hier wurden Eisenerz, Kupfer, Silber, Quecksilber und Mangan gefördert und weiterverarbeitet, und auch Metallgießen war weit verbreitet. Weitere wichtige Voraussetzungen für den Reichtum der Zipser Städte bildeten die ihnen verliehenen beson-

Handelsprivilegien für Leutschau (Levoča)

1321 gewährte der ungarische König Karl I. Robert (reg. 1307–1342) der freien königlichen Stadt das „Recht der Lagerung", das Stapelrecht. Jeder durchziehende Händler war dazu verpflichtet, mindestens 14 Tage in Leutschau zu bleiben, verschiedene Steuern zu zahlen und den Einheimischen ein Vorkaufsrecht auf seine Waren einzuräumen. Zusätzlich durften diese Gesetze auf die Händler aus Leutschau, die sich auf der Durchreise durch andere Städte befanden, nicht angewendet werden, kein Wunder also, daß die Bürger der Stadt ungewöhnlich reich wurden.

So sieht Leutschau (Levoča) heute nach der Sanierung aus. – Foto: S. Vykoupil

deren Handelsprivilegien und nicht zuletzt zwei durch die Zips führende Handelswege.

Der Anteil der Deutschen in der Zips war im Mittelalter relativ hoch – in Leutschau beispielsweise hat diese Bevölkerungsgruppe lange Zeit 80% der Bevölkerung gestellt. Ihr Anteil ging erst mit der allmählichen Erschöpfung der Bodenschätze zurück. Um 1900 lebten in der Zips zwar noch 43000 Deutsche, stellten aber nur noch ein Viertel der Bevölkerung, während die Slowaken mit zwei Dritteln Anteil in der Mehrheit waren. Die hier bis zum Zweiten Weltkrieg noch etwa 45000 lebenden Zipser Sachsen wurden fast alle nach 1945 ausgewiesen. Bis zu ihrer Vertreibung haben sie große Eigenständigkeit in ihrer Sprache und ihrem Brauchtum bewahrt. Aber auch die wenigen Deutschen, die bis heute geblieben sind, halten weiter an ihrem urigen Deutsch, an ihren Sitten und, wie es immer noch heißt, an der „Heimatscholle" fest. Die Wahrung der Traditionen unterstützen der Deutsche Kulturverein sowie die eigene deutschsprachige Publikation, das „Karpatenblatt".

Das Verhältnis der Deutschen zu den Slowaken ist unproblematisch. Man kommt im Alltag gut miteinander aus und akzeptiert sich gegenseitig. Da es aber mittlerweile sehr viele

Mischehen gibt, wird sich wohl das Deutschtum der Zipser in den kommenden Generationen nur schwer bewahren lassen.

Ukrainer, Russen und Polen

In der Slowakei leben knapp 32000 (0,6%) Ukrainer (ältere Bezeichnung: Ruthenen, Eigenbezeichnung: Rusini). Sie sind im Osten und Nordosten der Slowakei zur ukrainischen Grenze hin beheimatet, und zwar schon seit dem 11./12. Jahrhundert. Bis zum 13. Jahrhundert war das Gebiet spärlich bewohnt, seine endgültige Besiedlung vollzog sich vom 14. bis ins 17. Jahrhundert. Die gesamte Volksgruppe dieser Ukrainer/Ruthenen/Russinen verteilt sich auf folgende Staaten: Slowakei, Ukraine, Polen, Wojwodina (Jugoslawien) und Ungarn. Ihr kulturelles Zentrum in der Slowakei ist die Stadt Prešov nördlich von Košice, in dem ethnisch sehr gemischten Gebiet Šariš am Fluß Torysa gelegen. Die ukrainische Minderheit besitzt ein eigenes Nationaltheater und einen Rundfunksender. Sie verfügt auch über eigene Schulen, fünf eigene Zeitschriften und Bücher, pflegt ihre nationalen Bräuche und hält an der Unierten Kirche fest. Ihre Sprache – von Philologen „Russinisch" genannt – unterscheidet sich vom modernen Ukrainischen durch zahlreiche slowakische Elemente.

Die ukrainische Minderheit ruft – wieder einmal – in Erinnerung, daß der moderne slowakische Staat aus dem multikulturellen Gebilde des Königreichs Ungarn hervorgegangen ist. Denn der südwestliche Teil der heutigen Ukraine war – heute im Osten an die Slowakei angrenzend – als „Karpato-Ukraine" bis zum Ersten Weltkrieg Bestandteil der österreichisch-ungarischen Dop-

Walachen

Die Walachen, die in den slowakischen und mährischen Beskiden ansässig sind, waren halbnomadische Schafbauern, die seit dem 15. Jahrhundert in den Bergregionen Ostmährens und der Westslowakei siedelten. Man nimmt an, daß sie aus Rumänien eingewandert sind. Sie werden heute nicht mehr als eine eigenständige Volksgruppe angesehen, der Ausdruck *valach* hat sich im allgemeinen Sprachgebrauch vielmehr mit der Bedeutung „Schafhirte" eingebürgert.

Ein goralisches Holzhaus:
Weiße Querstreifen zeigen eine noch unverheiratete Bewohnerin an. –
Foto: S. Vykoupil

pelmonarchie. Damals wurden die Ukrainer „Ruthenen" genannt. Die Karpato-Ukraine fiel 1918 an die neu gegründete Tschechoslowakei, ab dann hießen die Ukrainer auch „Russinen". 1939 bis 1945 war die Karpato-Ukraine ungarisch und wurde nach 1945 der Ukrainischen SSR angegliedert.

Die meisten der etwa 1800 slowakischen Russen leben im Nordosten des Landes, die 3000 Polen entlang der slowakisch-polnischen Grenze. Bei den letzteren handelt es sich mehrheitlich um Goralen, ein polnisches Bergvolk mit einer eigenen Sprache, eigenem Brauchtum und eigener Volkskunst, z.B. einer besonderen Holzhausarchitektur: Weiße Querstreifen zwischen den Holzbalken zeigen eine noch unverheiratete Bewohnerin des Häuschens an, blaue eine schon verheiratete. Ihr Name *Gorali* ist von *gora,* polnisch „Berg" abgeleitet. Ihr eigentümlicher, vielen Slowaken unverständlicher Dialekt enthält zahlreiche, ganz speziell in den Karpaten verbreitete Elemente, zu denen beispielsweise das Wort *bryndza* (Brimsen, der typische Schafskäse) gehört. Im Sommer arbeiten die Goralen traditionell als Flößer, im Winter sind sie heute oft als Schlepplifthelfer tätig.

Tschechen

Die Tschechen bilden in der selbständigen Slowakischen Republik nur eine winzige Minderheit von einem Prozent. Oftmals haben sie slowakische Ehepartner und scheinen sich ohne Schwierigkeit mit der neuen Situation abzufinden. Im allgemeinen treffen sich Tschechen und Slowaken jedoch selten privat. Sie besuchen auch die jeweils andere Republik meist nur als Touristen.

Dabei sind die Beziehungen zwischen Tschechen und Slowaken in früheren Jahrhunderten bis zur Gründung des gemeinsamen tschechoslowakischen Staates vor allem kulturell sehr eng gewesen. Schließlich lebten beide Völker bis 1918 in der Österreichisch-Ungarischen Monarchie – die Tschechen gehörten zu Österreich und die Slowaken zu Ungarn. Vor allem sprachlich und literarisch hat die Slowakei von den tschechischen Entwicklungen profitieren können. Slowakische Persönlichkeiten setzten sich im 19. Jahrhundert auch kulturpolitisch für einen Zusammenschluß der slawischen Völker, für den Panslavismus bzw., auf die Habsburger Monarchie beschränkt, für den Austroslawismus ein (vgl. S. 132).

Die Roma

Die slowakischen Roma (*Cigáni* – „Zigeuner") machen offiziell 1,6% (85 073) der Bevölkerung der Slowakei aus – nach inoffiziellen Schätzungen allerdings weit mehr. Sie können nicht bestimmten Gebieten zugeordnet werden, ein Drittel von ihnen lebt jedoch in der Ostslowakei, dem ethnisch gemischtesten Gebiet des Landes.

Die Roma gelangten im 14. Jahrhundert nach Mitteleuropa. Anfangs sind sie für ägyptische Pilger gehalten und hofiert worden. Doch spätestens als sich die Nachfahren der vermeintlichen Wallfahrer in den Türkenkriegen des 16. Jahrhunderts auf die Seite der Osmanen schlugen, um in deren Gefolge als Musikanten und Schmiede zu dienen, wurden sie von der Bevölkerung mißtrauisch behandelt. So brachen mit der Vertreibung der Türken im Jahr 1688 für die Roma harte Zeiten im nun wieder habsburgischen Gebiet an. Man versuchte, sie von ihrer halbseßhaften Lebensweise abzubringen. Auch ihre Kinder sollten möglichst früh von ihren Eltern getrennt, in weit entfernt lebenden Familien untergebracht und katholisch erzogen werden. Joseph II. verschärfte die Maßnahmen gegen die Roma nach seiner Thronbesteigung 1780 noch erheblich. Der Gebrauch ihrer Sprache wurde nun strengstens untersagt, und auch andere assimilierende Maßnahmen wurden ergriffen.

Unter dem kommunistischen Regime besaßen die Roma einen Minderheitenstatus, wurden aber auch gezwungen, endgültig seßhaft zu werden. Sie hatten eigene Vereine und Zeitungen und konnten in begrenztem Rahmen ein eigenes Kulturleben entwickeln. Die Ereignisse seit 1989 haben ihnen Vor- und Nachteile gebracht. Zwar konnten sie sich erstmals politisch organisieren und sogar kleinere Erfolge in regionalen und landesweiten Wahlen verbuchen, andererseits sind sie übermäßig stark von hoher Arbeitslosigkeit betroffen. Dies liegt zum Teil daran, daß sie im Wettbewerb mit anderen Arbeitswilligen aufgrund ihrer meist nur kurzen Schulbildung nicht bestehen können. Die Lebensbedingungen der meisten Roma-Familien sind daher alles andere als gut, viele von ihnen, besonders in der Ostslowakei, leiden unter Armut. Sie leben seit Jahrzehnten in slumähnlichen Siedlungen ohne Strom, Wasserleitungen oder Kanalisation. Besonders am Fuß der Hohen Tatra, in der Zips, konzentrieren sich die Probleme: Der Anteil der Roma an der Bevölkerung beträgt in dieser Region 13%, die Arbeitslosigkeit liegt hier insgesamt weit über dem Landesdurchschnitt, bei 18%, unter den Roma ist sie doppelt so hoch. Da überall bei Sozialleistungen gespart werden muß, leben viele Roma-Familien unter dem Existenzminimum. Dies läßt automatisch auch die Kriminalitätsrate unter ihnen ansteigen, was nicht zu ihrer Beliebtheit bei der übrigen Bevölkerung beiträgt. Ähnlich wie in Tschechien werden auch in der Slowakei mit der Roma-Minorität die üblichen Vorurteile verknüpft: Kinderreichtum, Sozialschmarotzertum, Arbeitslosigkeit, Prostitution und Kriminalität – und, speziell slowakisch, Kartoffelklau auf den Feldern. Zusätzlich verschärft wird die Lage noch dadurch, daß Roma aus Tschechien aufgrund der dort noch schlechteren sozialen Situation zu ihren slowakischen Verwandten abwandern. Sie waren nach dem Zweiten Weltkrieg nach der Ausweisung der Sudetendeutschen vor allem in Nordböhmen angesiedelt worden.

Slowaken im Ausland

Wegen der vor allem seit 1867 drohenden Verarmung in der Slowakei und auch um dem steigenden Assimilationsdruck durch die Ungarn zu entgehen, sind bis 1914 viele Slowaken ausgewandert – 97% von ihnen in die USA. Dort leben heute etwa 500000 Slowaken. Sie haben sich um die Zentren Philadelphia, Pittsburgh und Chicago niedergelassen. Obgleich im Ausland lebend, konnten sie auf die staatspolitische Gestaltung ihrer Heimat nach dem Ersten Weltkrieg Einfluß nehmen. Schon während des Krieges hatten sie im Abkommen von Cleveland vom 22.10.1915 die Gründung eines „tschecho-slowakischen Staates" befürwortet. Sie hatten auch maßgeblichen Anteil an Formulierungen in dem späteren Abkommen von Pittsburgh vom 30.5.1918.

Politische Gründe hatten dagegen die Emigrationswellen nach dem Zweiten Weltkrieg. Sie erreichten ihre Höhepunkte direkt nach der kommunistischen Machtübernahme 1948 sowie nach der Niederschlagung des Prager Frühlings 1968. Einige Quellen geben für die Jahre 1948 bis 1990 sogar bis zu 450000 ausgewanderte Tschechen und Slowaken an. Sie ließen sich in Westeuropa (vor allem in Österreich und der Schweiz), aber auch in den Vereinigten Staaten, Kanada und Australien nieder.

Darüber hinaus sind Slowaken noch in Rumänien und in Ungarn ansässig. Sie sind „Relikte" der Vergangenheit: Die aus

Fast ein ruthenischer Slowake: Der Künstler Andy Warhol

Die Ostbeskiden gehören zu den Gegenden, die Menschen eher verlassen, als daß sie hinziehen. Auch die ruthenischen, also ukrainischen, Eltern des amerikanischen Künstlers Andy Warhol (1927–1987) haben diese nordöstlichste Ecke des Landes verlassen, wie eine Million anderer im späten 19. und Anfang des 20. Jahrhunderts, um woanders, vor allem in Nordamerika ihr Glück zu machen. Gründe dafür waren drückende Armut und Arbeitslosigkeit. Die Situation hat sich erst in jüngster Zeit gebessert. Noch in den 50er Jahren hatten 41% der ruthenischen Dörfer keine Elektrizität, und 1968 lag der Lebensstandard unter der Hälfte des nationalen Durchschnitts. Selbst heute sind die Dörfer sichtbar ärmer und isolierter als die Ortschaften im Westen.

der Slowakei, dem damaligen „Oberungarn“, stammenden Siedler haben sich hier niedergelassen, nachdem ganze Landstriche durch die Osmaneninvasionen bereits vor Jahrhunderten entvölkert worden waren. Nach dem Zerfall der Österreichisch-Ungarischen Monarchie 1918 wurden diese Gebiete – mit der slowakischen Bevölkerung – unter die Nachfolgestaaten Ungarn und Rumänien aufgeteilt.

In Ungarn verblieben nach 1920 etwa 400000 Slowaken. Heute bekennen sich allerdings nur noch 9000 zur slowakischen Nationalität.

In Rumänien leben dagegen etwa 20000 Slowaken. Sie haben hier eigene Schulen, unter anderem auch eine Pädagogische Hochschule, in der die Lehrer für die slowakischen Schulen im Land ausgebildet werden. Die slowakische Bevölkerung ist hier organisiert und hat eine eigene Presse, eine eigene Druckerei und einen eigenen Verband.

Viele Slowaken siedelten im Laufe des gemeinsamen tschechoslowakischen Staates in die tschechischen Länder über: 1920 bis 1935 waren es etwa 500000, 1945 bis 1990 rund 750000 Slowaken. Ein Teil von ihnen ist 1993 wieder in die Slowakei zurückgekehrt. Seit der Teilung der Tschechoslowakei beschränkt sich der slowakische Anteil in der Tschechischen Republik fast nur noch auf die Grenzgebiete.

Und in noch einem weiteren Gebiet wird slowakisch gesprochen, allerdings nicht von Slowaken, sondern von Tschechen: im mährischen Slovácko. Es ist eine Art Grauzone zwischen Mähren und der Slowakei. Die hier gesprochenen lokalen Dialekte und auch die Bräuche sind kaum von denen der angrenzenden Westslowakei zu unterscheiden.

Die Ruinen von Devín an der Donau sind seit dem 19. Jahrhundert ein Symbol der nationalen und kulturellen Unabhängigkeit der Slowaken. – Foto: V. Bárta

GESCHICHTE

Die lange Suche nach nationaler Identität

Schwierigkeiten mit der Geschichtsschreibung

Bei der Betrachtung der Geschichtsschreibung über die Slowakei stehen wir vor dem Dilemma, das auch andere Kleinstaaten betrifft, die von größeren „geschluckt“ worden sind oder zumindest eine untergeordnete Rolle bei der politischen Mitbestimmung gespielt haben. Die Slowakei war lange nicht als Herrschaftsgebilde oder als Staat zu fassen, und die Slowaken waren nie allgemein sichtbar an der Verwaltung Ungarns beteiligt und stellten dennoch einen beträchtlichen Teil der „Natio Hungarica“ dar. Die slowakische Geschichte ist daher bis ins 20. Jahrhundert als Teil der ungarischen Geschichte nur schwer isolierbar. Für die slowakische Geschichtsforschung bedeutet das eine besondere Schwierigkeit. Denn es gibt kein anderes Kriterium für die Unterscheidung vom ungarischen Volksstamm als die Sprache. Aber erst seit der Aufklärungszeit, in der sich das slowakische Volkstum seiner Eigenständigkeit bewußt wurde, kann man eine eigene Entwicklung der Slowaken in Politik und Kultur verfolgen, auch wenn das staatliche Leben enger denn je mit Ungarn verbunden war. Über dieses Problem ist in der slowakischen Geschichtswissenschaft viel geschrieben und noch mehr diskutiert worden. Die Ansichten sind hier noch immer sehr verschieden und prallen oft hart aufeinander.

Eine eigene slowakische Geschichtsschreibung hat erst 1918 beginnen können, als die Slowakei Teil der Tschechoslowakischen Republik geworden war. Nach 1945 war sie so weit ausgebaut, daß größere Forschungsvorhaben bearbeitet werden konnten. Dennoch bleiben natürlich bei der Aufarbeitung von mehr als einem Jahrtausend – besonders das slawische Mittelalter liegt im Dunkeln – Fragen offen, Widersprüche ungelöst und Interpretationen fragwürdig.

Die ältere Geschichte

Die Schwierigkeiten mit der Geschichtsschreibung für das slowakische Gebiet beginnen schon damit, daß schriftliche Belege zur Geschichte der frühslawischen Zeit fast ausschließlich bei byzantinischen Schriftstellern zu finden und dabei sehr spärlich sind. Für die vor- und frühgeschichtliche Besiedlung dieser Region konnte jedoch ein anderer Wissenschaftszweig, die gut entwickelte slowakische Archäologie, wichtige Forschungsergebnisse liefern. Die Anstrengungen haben sich gelohnt: Zahlreiche Funde bezeugen die frühe und unterschiedliche Besiedlung des Gebiets der heutigen Slowakei, die wohl bereits um 35 000 vor Christus eingesetzt hat.

Seit dem 5./6. Jahrhundert nach Christus begannen sich allmählich die Slawen von ihrem ursprünglichen Siedlungsgebiet aus, das etwa das Gebiet der heutigen Ukraine und einen Teil von Polen umfaßte, auszudehnen. Diese slawische „Urheimat" war im Süden von den Karpaten begrenzt, im Norden von den heute weißrussischen Pripjetsümpfen, im Westen von der Weichsel und reichte im Osten bis über den Dnjepr hinaus. Die Slawen breiteten sich zwischen dem 6. und 9. Jahrhundert in mehreren Migrationswellen über fast ganz Mittel-, Süd- und Osteuropa aus. Im Westen gelangten sie bis zur Elbe und Saale. Viele slawische Stämme haben bereits zu Beginn des 6. Jahrhunderts ihr heutiges Gebiet erreicht. Sie assimilierten oder vertrieben die dort siedelnden Stämme. Auch das Gebiet der Slowakei wurde von den Urahnen der heutigen Slowaken besiedelt. Schon nach 568 gerieten sie jedoch unter die Herrschaft der Awaren, die sich an Donau und Theiß niedergelassen hatten und von hier aus nach der Unterwerfung der angrenzenden slawischen Stämme ein eigenes Reich zu errichten begannen.

Das Reich des fränkischen Kaufmanns Samo

Zum Schutz gegen die Awaren bildeten die Slawen einen Stämmeverband und wählten um das Jahr 625 den fränkischen Kaufmann Samo zum König (bis um 658), der zur Verteidigung seiner Handelskarawanen ein schlagkräftiges Privatheer aufgestellt hatte. 623/24 hatte unter seiner Führung die erste erfolgreiche slawische Rebellion gegen die Awaren stattgefunden.

Als das Zentrum des Samo-Reichs nimmt man verschiedene Gebiete an, am wahrscheinlichsten ist seine Lokalisierung im heutigen Mähren, wobei die südwestliche Slowakei am südöstlichen Rand des von Samo beherrschten Gebiets lag. Später traten dem

Samo-Reich auch einige entfernter siedelnde slawische Stämme bei und vergrößerten seine Herrschaft, die sich dann von Böhmen bis in den Bereich des heutigen Kärnten erstreckte. Nach Samos Tod (um 658) zerfiel das Reich, und die Slawen wurden wieder Teil des mächtigen Awarenreichs.

Die Awaren wurden erst 796 von einer Allianz zwischen den Mährern und den Franken unter Karl dem Großen aus Mitteleuropa vertrieben. Daher brachte der Zusammenbruch der awarischen Macht Teile der West- und Mittelslowakei in eine lose Abhängigkeit zum ostfränkischen Machtbereich.

Das Großmährische Reich und die kyrillo-methodianische Mission

Diese neue Situation gab den Vorfahren der Slowaken eine gewisse Eigenständigkeit. Weit entfernt vom fränkischen Herrschaftszentrum konnten sie an der Morava (March) und an der mittleren Donau neue Herrschaftsgebilde entwickeln, die nur in lockerer Form die Oberherrschaft der Franken anerkannten. So entstanden um das Jahr 800 mehrere slawische Fürstentümer, unter ihnen etwa gleichzeitig die Fürstentümer Morava (Mähren) und Nitra (Neutra).

Das Fürstentum Mähren, das Fürst Mojmir (830–846) beherrschte, lag an den Ufern der Morava, einem Nebenfluß der Donau, nach dem es auch benannt wurde. Im Westen bildete seine Grenze die tschechisch-mährische Anhöhe, im Osten waren es die Kleinen und Weißen Karpaten und im Süden die Donau. Heute bildet die Morava einen Teil der Grenze zwischen der Tschechischen und Slowakischen Republik. Das Fürstentum Nitra befand sich in der Mittel- und Westslowakei und hatte die gleichnamige Stadt an dem Fluß Nitra als Zentrum. Ob Pribina (822–861), der erste belegte Fürst von Nitra, der Begründer dieser Herrschaft war oder ob er Vorgänger hatte, ist nicht bekannt. Durch schriftliche Quellen gesichert ist jedenfalls, daß er in den 30er Jahren des 9. Jahrhunderts von Mojmir vertrieben wurde. Nitra wurde zwar Mähren angeschlossen, erhielt jedoch eine eigene Verwaltung. Durch diesen Zusammenschluß begründete Mojmir das Großmährische Reich (Vel'ká Morava), das mehr als 70 Jahre Bestand haben sollte.

Großmähren: Fragen offen

Wo sich das Zentrum des Großmährischen Reichs befand, konnte bis heute nicht endgültig geklärt werden, schriftlich belegt ist es als die legendäre, 906 von den Ungarn zerstörte Stadt Veligrad. Veligrad kann in der Südwestslowakei um Devín (Theben) gelegen haben, allerdings hält man auch die mährische Stadt Velehrad, an der slowakischen Grenze südöstlich von Hodonín, oder Staré Město, heute Teil der mährischen Stadt Uherské Hradiště, für einen möglichen Standort.

Nicht ganz geklärt sind auch die Grenzen des Großmährischen Reichs. Im Osten können die pannonische Steppe oder die Theiß die Grenze gebildet haben, im Norden kann sich das Reich bis zu den Karpaten und Beskiden ausdehnt haben, im Süden bis weit in das Donaubecken hinein. Seine westliche Grenze bildeten die Böhmisch-Mährischen Höhen im westlichen Mähren.

Mojmirs Nachfolger Rastislav (846–870) war sich bewußt, daß die Christianisierung seines Reichs ein nicht rückgängig zu machender und perspektivenreicher Prozeß war. Am religiösen und politischen Scheidepunkt Europas regierend, stand er jedoch – wie fast alle Herrscher des Großmährischen Reichs – von zwei Seiten unter Druck, von Westen, wo die Franken und Bajuwaren (Bayern) im Verbund mit dem Papsttum um die Vormachtstellung kämpften, und von Osten, wo der Patriarch von Byzanz seinen Einfluß auf Südosteuropa auszudehnen versuchte. Fürst Rastislav bemühte sich, die fortschreitende Christianisierung vom Einfluß des allzu nahen fränkischen Königreichs zu befreien und wandte sich 862 an den byzantinischen Kaiser Michael III. mit der Bitte, ihm Missionare zu schicken, die die slawische Sprache beherrschten. 863 empfing er im legendären Veligrad die byzantinische Mission mit Konstantin Filosof (Kyrill, 827–869) und seinem älteren Bruder Method (815–885) an der Spitze. Die beiden griechischen, aber gleichzeitig slawisch sprechenden Gelehrten führten die slawische Liturgie zunächst auf der Grundlage des von ihnen entwickelten glagolitischen Schriftsystems ein. Sie übersetzten nicht nur die Heilige Schrift und die Liturgie, sondern verfaßten auch das erste slawische Gesetzbuch *(Zakon sudnyj ljudem)* und regelten die kirchenrechtlichen Verhältnisse im Großmähri-

Der erste slowakische Bischofssitz: Nitra

Im Jahr 880, nachdem sich das Christentum durch die Missionierung der beiden Slawenapostel in Großmähren zunächst weitgehend durchgesetzt hatte, erhob der Papst Nitra, die älteste Stadtanlage der Slowakei, zum ersten Bischofssitz des Landes. Hier war bereits 828 auf Veranlassung des Fürsten Pribina die erste christliche Kirche geweiht worden.

schen Reich. Nach dem Tod Kyrills – er starb 869 in Rom – gelang es seinem Bruder, das Missionswerk und insbesondere den slawischen Gottesdienst vom Papst anerkennen zu lassen.

Die Blütezeit Großmährens begann unter Svatopluk I. (870–894), der seinen Onkel Rastislav um 870 entmachtete und gefangennehmen ließ. Er verbündete sich mit dem ostfränkischen König Ludwig und konnte sein Reich bis ins Siebenbürgische Gebirge (Potisien), nach Kleinpolen, Schlesien, in den Norden Ungarns und in der ersten Hälfte der 80er Jahre bis nach Böhmen ausweiten.

Trotz der vielversprechenden Anfänge überlebte das Missionswerk Kyrills und Methods seine Schöpfer nicht. Bereits 885 gab Papst Stephan V. nach Zwistigkeiten zwischen Method und Wiching, einem Günstling Svatopluks, das Verbot der slawischen Liturgie bekannt. Danach wurden die Priester verfolgt, die sich von ihr nicht lossagen wollten.

Der Niedergang des Großmährischen Reichs begann mit dem wachsenden Einfluß des ostfränkischen Reichs nach Svatopluks Tod 894, sein Ende besiegelten schließlich die zahlreichen zwischen 904 und 906 verlorenen Schlachten gegen die Ungarn. Der ungarische Fürst und Stammvater der ungarischen Dynastie der Arpaden, Árpád (reg. ca. 886–907), hatte die ungarischen Stämme vereinigt und 896 aus dem Dnjestr-Pruth-Gebiet in das pannonische Becken geführt, das in etwa dem heutigen Ungarn entspricht. Von hier aus unternahmen sie Raubzüge in ganz Europa.

Nach den gegen sie verlorenen Schlachten wurde das Gebiet der Slowakei nach 910 allmählich dem Königreich Ungarn einverleibt. Die Vorfahren der heutigen Slowaken büßten daraufhin nicht nur ihre administrative Autonomie, sondern auch die slawische Kirchensprache ein. Danach gehörte die Slowakei als Provinz Horné Uhorsko (Oberungarn) über 1000 Jahre zu Ungarn. Ihre weitere Geschichte bis 1918 ist somit integraler Bestandteil des Reichs der Stephanskrone. Die Slawen westlich der Morava dagegen, die heutigen Tschechen, verbündeten sich mit dem ostfränkischen Kaiser Arnulf. Diese Trennung der beiden Völker, die ein Jahrtausend dauern sollte, ist einer der Hauptgründe für die ausgeprägten sozialen, kulturellen, sprachlichen und politischen Unterschiede zwischen Tschechen und Slowaken.

Großmähren als Stützpfeiler der slowakischen Identität

Für das Selbstverständnis des slowakischen Volkes wäre es von großem Wert, über den ethnischen Charakter des Großmährischen Reichs Klarheit zu besitzen. Die Bezeichnung seiner Bewohner als Mährer – und nicht als Slowaken – hängt mit dem politischen Aufstieg dieses slawischen Stammes an der Morava zusammen, der dann für das Land politisch und ethnisch einen Einigungsprozeß einleitete. Die Urahnen der Slowaken hatten Anteil daran, wenngleich das Ausmaß ihrer Beteiligung nicht ganz geklärt ist. Die Slowaken selbst betrachten das Großmähriche Reich als den Staat ihrer Vorfahren und Pribina, Mojmir und

Svätopluk, Herrscher des Großmährischen Reiches

Svatopluk (slowak. *Mojmír* und *Svätopluk*) als ihre Fürsten. Daher werden von slowakischen Historikern die Versuche der älteren tschechischen Geschichtsschreibung entschieden zurückgewiesen, die die Bewohner Großmährens als die Vorfahren des tschechischen Volkes bezeichneten. Auch Versuche, das Land Pribinas als ein slowenisch sprechendes Land anzunehmen, werden nicht anerkannt. Im Gegenteil: Philologische Untersuchungen sollen die Beteiligung des slowakischen Volkes am Großmährischen Reich unterstreichen.

Daß sowohl der Anstoß zur kulturellen Entwicklung als auch zur Christianisierung der südslawischen Völker von slowakischem Gebiet ausging, ist für viele Slowaken zur Stärkung ihres Nationalgefühls immens wichtig. Diese Sichtweise hat eine lange Tradition. Bereits die ersten Silbermünzen der Slowakei trugen die Portraits von Kyrill und Method. Die Zeit der slowakischen nationalen Wiedergeburt Ende des 18. bis ins 19. Jahrhundert schöpfte gerade aus diesen Ereignissen ihre Kraft. Und auch in der Zeit ihrer ersten Republik 1939 bis 1945 knüpften die Slowaken an das Großmährische Reich des 9. Jahrhunderts an.

Die Slowakei wird zur Provinz „Oberungarn"

Der neue Herrscher, der ungarische Fürst Géza (reg. 972–997), strebte einen zentral verwalteten ungarischen Staat an. Er konnte hierdurch nicht nur seine Macht festigen, sondern auch Kontakte zum Westen aufnehmen und sein Land der Christianisierung öffnen. Sein Sohn, Stephan I. der Heilige (reg. 997–1038), vollendete die Christianisierung Ungarns. 1001 ließ er sich mit einer von Papst Silvester II. verliehenen Königskrone (Stephanskrone) krönen, richtete eine geregelte Verwaltung nach ostfränkischem Vorbild ein und gründete das Erzbistum Esztergom (Gran).

Unter diesen beiden ungarischen Herrschern erfolgte nach 910 die allmähliche Eroberung der Slowakei. Eine rasche Landnahme des gesamten Gebiets verhinderten zeitweilige Machtansprüche an die Slowakei im 10. und zu Anfang des 11. Jahrhunderts von seiten der böhmischen Přemysliden und der polnischen Piasten. Um 1000 nach Christus umfaßte das Königreich Ungarn bis auf den Norden und Nordwesten fast die gesamte Slowakei, das Gebiet des heutigen Rumänien und mit geringen Abweichungen auch das heutige ungarische Staatsgebiet.

Die ersten ungarischen Siedlungen auf dem Gebiet der Slowakei entstanden in der Theißregion im Osten. In den Norden und Nordwesten dagegen drangen die aus dem Süden kommenden Arpaden erst nach der Regierungszeit Stephans I. vor, einige dieser Gebiete lagen noch um das Jahr 1055 im polnischen Machtbereich.

Das Land war in Burggauen *(župa)* gegliedert, die einzelnen Landesherren unterstanden. Deren Untergebene, meistens Bauern, waren Unfreie. Es gab verschiedene Gruppen von Landbesitzern: die Krone, den Adel, Untergebene des Königs und der Kirche. Ende des 13. Jahrhunderts nimmt man etwa 250000 bis 300000 Einwohner auf dem Gebiet der Slowakei an, die hauptsächlich Bauern und Handwerker waren, wobei jedoch die führende Rolle der ungarische Adel hatte. Ihm mußten die Untergebenen Steuern und Kollekten abführen.

Die Slowakei war im 13. Jahrhundert zahlreichen kriegerischen Ereignissen ausgesetzt. Da waren einerseits immer wieder die Einfälle der Mongolen in Ungarn, die z.T. auch auf die Slowakei übergriffen. Bei ihrem Einmarsch im Jahre 1241 z.B. verwüsteten sie die ostslowakische Ebene und gelangten bis nach Zvolen in der Mittelslowakei. 1285 fielen sie im Nordosten des Landes ein, woraufhin die Bevölkerung in den Bergen Zuflucht suchte und einige Gebiete verödeten. Den sich anschließenden Hungersnöten in dieser Zeit sind fast so viele Menschen zum Opfer gefallen wie den Mongolen. Immer wieder sind auch Feldzüge der Tschechen in der Slowakei belegt, die z.B. 1277 unter Přemysl Ottokar die Burg Nitra sowie etwas später die Burganlage Devín bei Bratislava zerstörten. In der Folge wurden im ganzen Land neue Burgen angelegt, die z.T. noch heute zu sehen sind.

Auch österreichische Angriffe verschärften die unruhige Situation dieses Jahrhunderts: Friedrich II. von Babenberg belagerte Bratislava und stieß auch ins Landesinnere vor, konnte jedoch von Truppen aus Nitra und Trenčín geschlagen werden. Gegen die Angriffe Österreichs wandte sich auch der ungarische Herrscher vom Geschlecht der Arpaden, Andreas III. An seiner Seite kämpfte der Adlige Matúš Čák und besiegte die Truppen des österreichischen Herzogs Albrecht bei Wien. Nach dem Hainbur-

Der erste Held der Slowaken: Matúš Čák (1260–1321)

Matúš Čák, ein ungarischer adliger Rebell, nutzte die Wirren nach dem Aussterben der Arpaden-Dynastie aus und unterhielt einen prächtigen Hof in der Westslowakei, in Trenčín, sowie zahlreiche Burgherrschaften. Er nannte sich „König des Váh und der Tatra". Darüber hinaus unterstützte er den jungen Přemysliden Wenzel (Václav) III. in seinem langfristig erfolglosen Kampf um die ungarische Krone und machte dem ungarischen König Karl Robert ein paar Jahre lang das Leben schwer. Čák blieb bis zu seinem Tod im Jahr 1321 Herrscher über sein Gebiet. Besonders im 19. Jahrhundert wurde er als romantischer Held verehrt, da er einem Teil der Slowakei eine Zeitlang eine gewisse Unabhängigkeit von den Ungarn beschert hat.

ger Frieden 1291 verließen die österreichischen Truppen Trnava und Bratislava.

Die Slowakei war in diesem Zeitraum zwar ungarisches Territorium, sie stand ab 1311 jedoch durch eine der mächtigsten Persönlichkeiten in der West- und Mittelslowakei, eben jenen Matúš Čák, in Opposition zu den ungarischen Königen, und im slowakischen Osten hatte sich Omodej vom Geschlecht der Aba großen Freiraum geschaffen.

Städte, Handel und Bergbau im Mittelalter

Ab dem 13. Jahrhundert entwickelte sich im Agrarland Slowakei der Bergbau und damit verbunden der Transport der Erze und der Handel. Der Charakter der Slowakei veränderte sich erheblich: Es entstanden viele neue Stadtanlagen und Bergbausiedlungen. Aus westeuropäischer Sicht waren diese Niederlassungen allerdings eher kleinere und mittlere Städte mit knapp 3000 Einwohnern. Die Bevölkerung stieg jedoch bis ins 15. Jahrhundert auf mehr als das Doppelte, von etwa 200000 auf 500000 an.

Die Gründung der neuen Handelsstädte förderte auch die Entstehung von Handelswegen aus Ungarn nach Polen über die Ostslowakei. Besonders die Handelsstraße aus Banská Bystrica in das Gebiet Orava und weiter nach Polen und Deutschland erhielt eine große Bedeutung. Diese Entwicklung war eine direkte Folge der politischen Ausweitung Polens nach Osten unter Kasimir III., dem Großen (1310–1370; König seit 1333), und der Personalunion zwischen Polen und Litauen. Im Handel mit Polen führend wurde die Stadt Košice, gefolgt von Levoča und Bardejov. Košice (Kaschau), eine von Deutschen angelegte Gemeinde, erhielt 1244 Privilegien vom ungarischen König und wurde 1342 zur freien Königsstadt erhoben. Der Fernhandel von Ungarn nach Polen machte die Stadt reich. Der Handel der westslowakischen Städte dagegen ging vorrangig nach Mähren und Schlesien; hier entstanden an wichtigen Wegkreuzungen die bedeutenden Umschlagplätze Trnava und Žilina. Ausgeführt wurden hauptsächlich Bronze und Eisen, aber auch Wein aus dem Gebiet um Bratislava.

Für den hochentwickelten Bergbau benötigte man gut ausgebildete Handwerker, um die Schachtanlagen und die Transportmittel herzustellen und in Ordnung zu halten. So kamen, ermuntert

Die Thurzo-Fugger-Gesellschaft

Mit ihrem kaufmännischen und technischen Geschick trug das reiche ungarische Adelsgeschlecht der Thurzo wesentlich zum Aufblühen des Bergbaus in der Slowakei im 15. und 16. Jahrhundert bei. Insbesondere Ján Thurzo – in Krakau ansässig – wurde Unternehmer von europäischem Format. Es gelang ihm, die slowakische Edelmetallproduktion wieder anzukurbeln, die sich im 15. Jahrhundert in einer allgemeinen Krise befand, da die mitteleuropäischen Gruben durch die Einfuhr von Edelmetallen aus den spanischen Kolonien an Bedeutung verloren. Er wurde nicht nur Eigentümer mehrerer Bergbauunternehmen in Levoča und Košice, sondern übernahm zudem 1494 bis 1496 die Produktion von Bronze bei Banská Bystrica und führte mehrere technische Neuerungen ein.

Besonders erfolgreich wurde er, als er mit einem reichen Teilhaber, der Augsburger Kaufmannsfamilie Fugger, kooperierte, die ihr enormes Kapital in den slowakischen Bergbau investierte. Jakob Fugger II., genannt der Reiche (1459–1525), erwarb zu Beginn des 16. Jahrhunderts einen Großteil der Minen in der Region. Aufgrund seiner Beteiligungen am ungarisch-slowakischen Bergbau und Metallhandel konnte die Thurzo-Fugger-Gesellschaft, deren Familien auch durch Heirat verbunden waren, 1495 bis 1504 eine Monopolstellung auf dem europäischen Kupfermarkt erobern. Sitz der Gesellschaft war die wohlhabende königliche Freistadt Banská Bystrica, in der zahlreiche wertvolle Bauten entstanden.

von der ungarischen Dynastie der Arpaden, bereits ab dem 13. Jahrhundert in größerer Zahl Bergleute, Handwerker und Kaufleute aus Deutschland in die Slowakei. Aufgrund der Entdeckung insbesondere auch von Silber- und Goldvorkommen begann hier eine Ära des Wohlstands. Bis weit ins 18. Jahrhundert hinein hielt die Blütezeit des slowakischen Bergbaus an, der zum Hauptwirtschaftszweig ganz Ungarns wurde. Aus der Gemeinschaft der deutschen Einwanderer entwickelten sich die schon erwähnten „Zipser Städte" (s. S. 69 ff.). Die Zips mit den Städten Gelnica, Smolník, Spišská Nová Ves, Banská Bystrica und Kremnica war der wichtigste Standort für die Förderung von Gold, Silber, Kupfer (Bronze) in der Mittel- und Ostslowakei.

Parallel zum Bergbau war auch ein Aufschwung des Handwerks und besonders der Waffenherstellung zu verzeichnen: Der größte Teil an Waffen und Munition in Ungarn kam aus der Slowakei. Viele Mühlen waren zur Schießpulverherstellung in Betrieb.

Trotz dieser an sich prosperierenden Wirtschaftslage im 16. Jahrhundert waren die Lebensverhältnisse der einfachen Bevölkerung offensichtlich so schlecht, daß im Juni 1525 Banská Bystrica ein Aufstand der dortigen Bergleute stattfand.

Reformation und Hussitenkriege

Eines der größten innenpolitischen Probleme Ungarns im 15. und 16. Jahrhundert war die Auseinandersetzung mit der Reformation, die nach dem Tod des tschechischen Reformators Jan Hus (ca. 1370–1415) einsetzte. Auch slowakisches Gebiet war davon betroffen, in dem sich ein Teil der Hussitenkriege 1419 bis 1436 und 1468 bis 1471 abspielte. Das Heer der radikalen Taboriten hatte 1422 unter der Führung Jan Žižkas das kaiserliche Heer Sigismunds besiegt und führte seit 1425/27 offensiv Krieg mit Einfällen in die Nachbarländer. Bereits ab 1428 hielten sich Hussiten in verschiedenen Gebieten der Slowakei auf und führten Plünderungen durch. 1430 waren sie beispielsweise bei Trnava und drangen 1431 aus Kleinpolen in die Zips ein. Sie hinterließen an einigen Orten feste Garnisonen. 1432 besetzten sie Skalica und Trnava und verfügten insgesamt über sechs hussitische Standorte.

Ein bedeutender tschechischer Hussitenführer in der Slowakei, der allerdings häufiger die Fronten gewechselt hat, war Jan Jiskra z Brandýsa (ca. 1420–1469). Mit einem Söldnerheer aus ehemaligen Hussitenkriegern hielt er kurze Zeit die slowakischen Bergbaustädte, die Zips und einen Teil der Ostslowakei besetzt.

Der ungarische König Matthias I. Corvinus eroberte 1467 alle hussitischen Stellungen wieder zurück und führte danach Kämpfe gegen Böhmen und Mähren. Er ließ sich 1469 in Olomouc zum König von Mähren wählen, etablierte sich hier und konnte auch Schlesien einnehmen. Danach verzettelte er sich in Kämpfe gegen Österreich, die bis zum Ende seiner Herrschaft andauerten.

Dennoch verbreitete sich der Protestantismus in dieser Zeit hauptsächlich in den von Deutschen besiedelten Gebieten in der Zips sehr schnell. Neben den Hussiten brachten slowakische Studenten aus deutschen Universitäten, hauptsächlich aus Wittenberg, Gedankengut der Reformation in die Slowakei. Zwar hatte 1465 Matthias I. Corvinus in Bratislava die Academia Istropolitana, die erste Universität Ungarns, gegründet, sie wurde jedoch 1490 bereits wieder geschlossen, da sie mit den etablierten benachbarten Universitäten Prag, Wien und Krakau nicht konkurrieren konnte. Diese bedeutenden Universitäten dienten den Studenten aus der Slowakei somit traditionell als Bildungsstätten. Im 16. Jahrhundert kam noch die 1502 gegründete Universität Wittenberg dazu, von der durch das Wirken Martin Luthers die entscheidenden Impulse der Reformation ausgingen. In den Jahren 1522 bis 1600 wurden hier etwa 360 Studenten aus der Slowakei registriert.

So waren zu Beginn des 16. Jahrhunderts die protestantischen Richtungen Luthertum, Calvinismus, Zwinglianismus und Anabaptismus in der Slowakei bekannt, nach 1550 jedoch erhielt der Lutherismus nach dem Augsburger Bekenntnis von 1530 das Übergewicht. Dies hing mit dem Reichstag zu Augsburg zusammen, der den lutherischen Protestanten zumindest beschränkt freie Religionsausübung gestattete.

Außer den Hussiten und den protestantischen Studenten unterstützten diesen Prozeß ungarische Adelsgeschlechter wie Revay und Thurzo, für die dic Reformation auch eine politische Frage war: Gegen Habsburg gerichtet schlugen sie sich allmählich immer mehr auf die Seite der Reformation und traten zunehmend als Beschützer der Religionsfreiheit auf. Nach 1550 hatten bereits viele in Ungarn das lutherische Bekenntnis angenommen, und

1610 konnten sich auch offizielle Strukturen in der Kirchenverwaltung etablieren.

Die große Bedeutung der Reformation ist vor allem in ihrem positiven Einfluß auf die Bildung der Bevölkerung zu sehen: Schulbildung wurde ab jetzt zur kirchlich-religiösen Angelegenheit, und auch die nationalen Sprachen wurden nun gefördert (vgl. S. 128f.). Vor allem der protestantische Adel – und hier das Geschlecht der Thurzo – in der Westslowakei war sehr aktiv. Der Protestantismus wurde zur Religion der meisten führenden slowakischen Nationalisten: Das waren Männer wie die tschechophilen Pavol Šafárik und Ján Kollár, der Dichter Martin Rázus, der Schriftsteller Martin Kukučín und nicht zu vergessen der Schöpfer der slowakischen Literatursprache, L'udovít Štúr.

Die ungarische Teilung und der Aufstieg Bratislavas

Nach der Eroberung eines Großteils von Serbien 1389 hatten die Osmanen bereits die südlichen Grenzen Ungarns bedroht. Anfang des 16. Jahrhunderts stießen sie auch nach Mittelosteuropa vor und bestimmten zwei Jahrhunderte lang die ungarische und damit auch die slowakische Geschichte. Die Eroberung Belgrads 1521 und die ungarische Niederlage bei Mohács 1526 sollten das Ende des mittelalterlichen ungarischen Staates bedeuten. Mitbestimmend für die Schwäche Ungarns waren sicherlich auch die Hussitenkriege, die die ungarischen Herrscher im Jahrhundert zuvor daran gehindert hatten, alle notwendigen Kräfte gegen die Türken zu sammeln. Von großer Tragweite war der Tod des ungarischen Königs Ludwigs II. im Kampf bei Mohács. Es entstand ein 10jähriger Kampf um seinen Thron, ausgetragen zwischen dem Habsburger Ferdinand I. (reg. 1526–42) und Johann Sigismund Zapolya (reg. 1526–1540), dem Woiwoden von Siebenbürgen. Dieser stützte sich auf die antihabsburgischen Kräfte in Ungarn, ließ sich von der nationalen Partei wählen und gründete mit türkischer Unterstützung ein nationales Königreich mit der Hauptstadt Buda, bei Anerkennung der türkischen Oberhoheit. Die höfische Partei in Ungarn entschied sich für den Habsburger Ferdinand I.

Der Habsburger gewann Teile der tschechischen Länder und „Restungarn“, das aus der Slowakei und einem schmalen Streifen im Westen des Landes bestand. Er sicherte den Habsburgern damit geschickt die erbliche Thronfolge und akzeptierte im Gegenzug 1537 das Basler Konzil, das ihn zur Bekämpfung der Protestanten verpflichtete. Erst der Friede von Großwardein 1538 beendete diesen Thronstreit. Danach fielen West- und Nordungarn und ein Teil Kroatiens an Habsburg, Siebenbürgen und Ostungarn an Johann Sigismund Zapolya und Mittelungarn mit Ofen an die Türken. Der Friede beließ zunächst beiden Rivalen Königsstitel und Besitz und sprach Ferdinand erst nach Johanns Tod das ganze Königreich zu.

Somit lag die Slowakei nach 1526 bis in das letzte Drittel des 17. Jahrhunderts an der Grenze der Habsburger Einflußsphäre und stellte fast den gesamten Teil des Habsburgischen Ungarn. Hierher zogen die meisten Behörden und Institutionen der Verwaltung und Kirche sowie der ungarische Landtag, und Bratislava wurde 1526 zur Haupt- und Krönungsstadt Ungarns. Was als Interimslösung gedacht war, hielt bis 1784. 1825 bis 1848 war die Stadt außerdem Tagungsort des ungarischen Landtags.

Bratislava erlangte also besondere historische Bedeutung: Im gotischen St.-Martin-Dom mit einer winzigen, vergoldeten ungarischen Krone auf der Turmspitze wurden in diesem Zeitraum elf Könige und acht Königsgemahlinnen gekrönt – darunter 1741 auch Maria Theresia, die Kaiserin von Österreich und Königin von Ungarn. Unter ihr erlebte die Stadt glänzende Zei-

Das Kind hatte viele Namen – Pozsony, Preßburg, Bratislava

Bratislava wurde 905 als *Brezalauspurc* erstmals erwähnt, entstand als Stadt um die Wende zum 13. Jahrhundert und wurde 1526 bis 1784 zur ungarischen Landeshauptstadt. Bis 1918 war sowohl die Bezeichnung *Preßburg* als auch das ungarische *Pozsony* offiziell. Die Slowaken bedienten sich hauptsächlich der phonetischen Formen von Preßburg: *Prešpurek* und *Prešporek*. Jedoch besann sich die Generation der slowakischen Wiedergeburt, hier besonders Jozef Pavol Šafárik, Ján Kollár und L'udovít Štúr und seine Anhänger, in der ersten Hälfte des 19. Jahrhunderts auf die slawische Vergangenheit Bratislavas und griffen auf die Nennung „ihrer" Stadt in einer deutschen Quelle von 1042 als *Brecisburg* zurück. Davon leiteten sie mehrere Versionen ab, von denen *Bratislava* schließlich 1919 nach der Gründung der Tschechoslowakei offiziell wurde.

Maria Theresia auf dem Krönungshügel

ten. 1775 ließ Maria Theresia die Stadtmauer abreißen und den Graben zwischen Altstadt und Donau zuschütten. Damit wurde Platz geschaffen für die repräsentativen barocken Bauten des 18. und 19. Jahrhunderts.

Somit gewann die von osmanischer Besetzung verschonte Slowakei nicht nur große militärische Bedeutung, sondern erlebte auch beachtliche Bevölkerungsverschiebungen, da sich der von den Türken bedrängte ungarische Adel aus der ungarischen Tiefebene immer weiter in den Norden, in die Slowakei, zurückzog. Auseinandersetzungen mit den Türken bestimmten noch fast das ganze 17. Jahrhundert. Waffenstillstände wechselten mit neuen Kämpfen um die Vorherrschaft.

Hinzu kamen die mit der Gegenreformation verbundenen Konflikte zwischen Wien und Ungarn. Bis 1530 hatte die katholische Kirche kaum auf die Verbreitung der Reformation reagiert.

1553 jedoch wurde von dem slowakischen Theologen und Erzbischof von Esztergom, Nikolaus (Mikuláš) Oláh (1493–1568), die Gegenreformation in Ungarn eingeleitet.

Gegenreformation und Aufstände

Die Zentralisierungsbestrebungen der Habsburger im „königlichen Ungarn“, verbunden mit rigorosen Rekatholisierungsmaßnahmen, wie z. B. der Beschlagnahme protestantischen Eigentums, im 17. Jahrhundert mit Zwangskonversionen und Prozessen gegen protestantische Geistliche, entfachten den Widerstand der ungarischen Stände. Besonders das Fürstentum Siebenbürgen stand zu den Habsburgern in Opposition, weshalb es von hier aus immer wieder Versuche gab, Teile der Slowakei zu okkupieren. István Bocskay (1557–1606) und Gabriel Bethlen (1580–1629) konnten sich zeitweise die Ostslowakei unterwerfen. Die Errungenschaften der Aufständischen beschränkten sich jedoch zumeist auf nur kurzfristig eingehaltene Zugeständnisse des jeweiligen Kaisers.

Weiteren Widerstand entfachte der Tod des Palatins Juraj Thurzo, eines der letzten protestantischen ungarischen Magnaten. Sein Nachfolger wurde der Erzbischof Petr Pázmány, der von Trnava aus, das 1635 eine Jesuiten-Universität erhielt, die Gegenreformation unterstützte.

Mit der Rückeroberung der osmanisch besetzten Gebiete (1699 Friede von Karlowitz) ging der größte Teil Ungarns wieder an das habsburgische Kaiserhaus zurück, was neue Konflikte nach sich zog. Zwar hatten die ungarischen Stände das Erbrecht der Stephanskrone im Hause Habsburg anerkannt, doch es kam bei der Neuorganisation des Königreichs durch kaiserliche Beamte zu ständigen Reibereien mit den um ihre Freiheiten bangenden Adligen, da von kaiserlicher Seite bei der Steuereintreibung das Mitspracherecht der Stände oft umgangen wurde. Als sich auch in der Slowakei Adlige mit den Bürgern und Bauern verbanden, um sich der kaiserlichen Willkür zu erwehren, griff die Militärverwaltung hart zu und ging mit scharfen Urteilen gegen die Rebellen vor. Diese örtlichen und sozial bedingten Aufstände führten schließlich in den Jahren 1703–1711 zu einer allgemeinen Aufstandsbewegung, die von dem Siebenbürgischen Fürsten Franz (Ferenc) II. Rákóczi (1676–1735) angeführt wurde. 1703 proklamierte er von Polen aus die Sonderrechte Ungarns gegenüber Habsburg und trat an die Spitze eines Heeres von Bauern, von sog. Kurutzen. 1704 als Fürst von Siebenbürgen bestätigt, erklärte Rákóczi 1707 – von Frankreich mit Geldmitteln unterstützt – das Haus Habsburg der ungarischen Krone für verlustig, da der Kaiser den Krönungseid gebrochen habe. Doch scheiterte Rákóczis Aufstand. Er erlitt 1708 eine wichtige Niederlage bei Trenčín – das besser organisierte kaiserliche Heer trug den Sieg davon, und Rákóczi floh ins Ausland. 1711 kapitulierte die letzte wichtige Festung der Kurutzen, Košice.

Nach den Kämpfen und der Niederlage Rákóczis änderte sich wenig an der schlechten wirtschaftlichen Situation: Die Abgaben und Frondienste waren die gleichen geblieben. Und so fanden die versprengten Aufständischentrupps, die leicht gegen den Adel aufzuwiegeln waren, bald einen neuen Anführer: den Slowaken Juraj Jánošík (1688–1713), der zu einem nationalen Mythos werden sollte.

Der Bauernsohn wurde in Terchová bei Trenčín im Nordwesten der Slowakei geboren. Er nahm zunächst an Rákóczis

Und die Slowaken?

Ein Großteil der Besitzungen der Rákóczi wie auch das Hauptkampfgebiet des Aufstands lagen in der Slowakei. Zwar litt die Bevölkerung unter den dauernd hin- und herwogenden Kämpfen zwischen dem aufständischen Adel und kaiserlichen Truppen, doch da der größere Teil des Adels gegen Rákóczis Bestrebungen war, erfreute dieser sich großer Beliebtheit beim einfachen Volk. Auch glaubten viele Protestanten, die freie Religionsausübung sei bei den Aufständischen besser geschützt als bei den mit der katholischen Kirche verbundenen Habsburgern. In slowakischen Volksliedern kann man die große Sympathie heraushören, die der trotzige Magnat bei seinen Untertanen genoß. Den slowakischen Bauern ging es vor allem um die Senkung des Zinses und der Naturalabgaben, die sie den Grundherren zu leisten hatten. Daß das einfache slowakische Volk dem Fürsten Rákóczi, einem Angehörigen der ungarischen Adelsherrschaft, huldigte und ihm seine Bitten vortrug, ist beachtlich. Jedoch bleibt bis heute die Frage offen, wie intensiv die Bindungen des slowakischen Volkes an den ungarischen Staat waren.

Der Volksheld Jánošík und seine Mannen

Aufständen teil, geriet jedoch in kaiserliche Gefangenschaft. Danach kämpfte er in der habsburgischen Armee, die er aber bald verließ, um Anführer einer Räuberbande zu werden. Zu seinen Freischärlern gehörten viele Walachen, die in den unfruchtbaren Regionen der Orava und im Trenčíner Gebiet ihre Herden weideten. Hier, in den Regionen Liptov und Gemer, war auch Jánošíks Revier. Viele Händler, die das Gebiet durchquerten, und die Adligen, die dort auf ihren Schlössern und Burgen saßen, waren vor den Überfällen von Jánošíks Scharen nicht mehr sicher. Die Beute verteilte der edle Räuber, der Legende nach, an Arme und notleidende Bauern und Hirten. Daher war es verständlich, daß die arme Landbevölkerung die Aufständischen vor dem Zugriff der gestrengen Obrigkeit schützte, wo sie nur konnte. Die Behörden waren machtlos, und Jánošík wurde zum Volkshelden. Etwas mehr als ein Jahr lang war er „der gute Rebell", aber 1713 gelang es den Polizeiorganen dennoch, ihn zu ergreifen. Der Legende nach hatte er seinen Zaubergürtel verloren und konnte so überwältigt werden. Er wurde am 18. März 1713 in Liptovský Mikuláš hingerichtet. Damit waren die Aufstände gegen die Habsburger zunächst beendet.

Die Habsburger und der wirtschaftliche Aufschwung

Nach der Vertreibung der Türken aus Ungarn erlitt die slowakische Wirtschaft zunächst große Rückschläge; denn der ungarische Adel verließ nun das slowakische Bergland und die fruchtbaren Landstriche Westungarns, um seine alten Familiengüter oder die von der kaiserlichen Administration neu erworbenen Besitzungen in Mittelungarn wieder zu übernehmen. Auch viele slowakische Bauern wanderten ab, wenn sie keine Aussicht hatten auf einen eigenen Hof, aber auch weil die Landwirtschaft infolge der unruhigen Zeiten einen schlechten Entwicklungsstand aufwies.

Einen Modernisierungsschub erfuhr dagegen der handwerkliche Bereich: Die habsburgische Monarchie des 18. Jahrhunderts förderte die Gründung von Manufakturbetrieben im ganzen Land. Diese konnten ihre Produkte im Ausland verkaufen und den Wohlstand des Landes durch das zurückflutende Geld vermehren. So wurde die rückständige Slowakei – nach der Blüte des Bergbaus – in dieser Zeit zum industriell am meisten entwickelten Gebiet Ungarns.

Die Regierungszeit Josephs II. (1780–1790) brachte die Öffnung des Landes für die ausländische Konkurrenz. Dabei zeigte

Manufakturen

Der erste Manufakturbetrieb wurde von Theophil Sterz in Banská Bystrica gegründet. Frühester Großunternehmer war Franz I. Stephan (1708–1765), der Gemahl Maria Theresias, mit einer Tuchmanufaktur. Sie war auf den österreichischen Markt orientiert, aber man produzierte auch für das Ausland. Bald darauf gründete Franz Stephan in dem benachbarten Holíč eine Fayence- und Majolikamanufaktur, die mit großem Erfolg den gesamten österreichischen Markt versorgte. Maria Theresia ihrerseits hob in einem Dekret 1765 die Nützlichkeit der Manufakturen hervor und stellte neu entstehenden Betrieben ihren besonderen Schutz in Aussicht. Das kaiserliche Dekret schuf die Grundlage dafür, daß innerhalb kürzester Zeit viele neue Manufakturbetriebe entstanden.

sich jedoch, daß die österreichischen, und damit auch die slowakischen, Manufakturbetriebe doch nicht konkurrenzfähig waren, was zunächst zur Stagnation der Produktion, danach häufig zu ihrem Rückgang führte. Deswegen ging man wieder zur Schutzzollpolitik über, die eine Sanierung der Manufakturbetriebe ermöglichte. 1790 bis 1825 arbeiteten die Betriebe wieder erfolgreich. Die Manufakturen konnten jedoch im weiteren 19. Jahrhundert mit den neu aufkommenden Maschinen nicht konkurrieren und mußten ihre Tätigkeit einstellen.

Im ganzen gilt für die Slowakei des 18. Jahrhunderts, daß sich ihre wirtschaftliche Lage zwar nach den Unruhen zu Beginn des vorherigen Jahrhunderts besserte, daß ein gewisser Wohlstand sich aber vor allem auf die Adligen und das Bürgertum auswirkte – die große Masse der slowakischen Bevölkerung arbeitete immer noch in der Landwirtschaft. Ihre Lage erleichterten erst das Toleranzpatent Josephs II. 1781 (s. S. 132) und die Aufhebung der Leibeigenschaft 1785.

Die slowakische nationale Wiedergeburt und die revolutionären Ereignisse von 1848/1849

Obwohl die Slowaken trotz ihrer ungünstigen Stellung im Königreich Ungarn ihre Volkssprache bewahren konnten, bildeten sich vor der Mitte des 19. Jahrhunderts Geschichtsbewußtsein und eigenständige geistig-kulturelle Traditionen nur in Ansätzen heraus. Vor allem zwei Männer förderten diesen Prozeß, der Katholik Anton Bernolák (1762–1813) und dann der Protestant L'udovít Štúr (1815–1856), indem sie das Medium schufen, das für die nationale Existenz eines Volkes unabdingbar ist: eine eigene Literatur- und Schriftsprache. Während sich Bernoláks Konzept langfristig nicht durchsetzte, wurde Štúrs 1846 erschienene Kodifizierung nach einigen Disputen von Slowaken aller Konfessionen angenommen. Er wurde der Vater der slowakischen nationalen Wiedergeburt (vgl. dazu auch das Kap. Sprache und Literatur).

Der ungarische Landtag erwies sich in den Revolutionsjahren 1848/49 zwar als reformfreudig, hielt aber grundsätzlich an der Fiktion einer einheitlichen ungarischen Nation fest. Gegenüber den nichtungarischen Volksgruppen blieb die ungarische Gesetz-

Anton Bernolák (1762–1813)

gebung trotz deutlicher Proteste vor allem der Serben weiterhin unnachgiebig.

Den ungarischen Aufständischen der Märzrevolution ging es vor allem um die Gewährung von Pressefreiheit, um die Einrichtung von Schwurgerichten, um die Bauernbefreiung und um eine Reform der frühkonstitutionellen Verfassungen. Auch wirtschaftliche Faktoren spielten eine Rolle, da die zögernd einsetzende Industrialisierung besonders seit etwa 1830 ein breites Massenelend nach sich zog.

Im Rahmen der Märzereignisse sahen nun aber auch die Minderheiten Chancen für ihre eigene nationale Entwicklung. Den Auftakt des slowakischen Aufbruchs 1848 bildeten Protestwellen der Bauern gegen ihre soziale Lage, die die gesamte Slowakei erfaßten. Es wurden auch Petitionen und Bittschriften verfaßt, in denen man unter anderem den Gebrauch der eigenen Muttersprache forderte. Das Ergebnis dieser ersten nationalen Bewegung der Slowaken war allerdings recht unbefriedigend. Keine der Petitionen wurde von den Behörden bis zur Regierung weitergeleitet. Štúr und seine Anhänger, Jozef Miloslav Hurban (1817–1888) und Michal Miloslav Hodža (1811–1870), mußten das Land verlassen. Sie konnten in die tschechischen Länder flüchten und begaben sich nach Prag, wo im Juni 1848 der sog. Slawenkongreß stattfand. Hier traten sie für einen gemeinsamen Kampf aller slawischen Völker innerhalb der Donaumonarchie

Slowakische Forderungen

Ende 1847 legten die Vertreter der Slowaken, unter ihnen war auch Štúr, dem ungarischen Landtag ihre Forderungen vor: endgültige Abschaffung der Leibeigenschaft, Einführung von politischen Rechten für das Volk, Abschaffung der Privilegien des Adels und Gleichstellung aller Nationalitäten und Nationen in Ungarn.
Noch konkreter war im Mai 1848 das Programm der „Forderungen des slowakischen Volkes" *(Žiadosti slovenského národa),* das in Liptovský Mikuláš vorgebracht wurde. An seinen Formulierungen waren L'udovít Štúrs Anhänger maßgeblich beteiligt. Gefordert wurden vor allem die Zulassung der slowakischen Muttersprache als Amtssprache, die Einführung des Slowakischen als Unterrichtssprache sowie die föderative Gleichstellung der Slowakei, außerdem die Freilassung des gefangengenommenen Dichters Janko Král' und anderer. Die insgesamt 14 „Liptauer Punkte" wurden durch eine Flugschrift des Štúr-Anhängers Miloslav Hurban in der gesamten Slowakei verbreitet.

ein. Aber auch er brachte kein greifbares Ergebnis für die slowakische Nationalentwicklung.

Die von L'udovít Štúr geführte slowakische Opposition hatte im März 1848 noch auf seiten der ungarischen Revolutionäre gestanden, mußte aber bald erkennen, daß diese nur eine ungarisch-nationale Politik verfolgten. So taten sich die Slowaken in der Folgezeit mit den anderen unterdrückten slawischen Völkern der Donaumonarchie zusammen. Die Gruppe um Štúr schloß sich mit den kroatischen Truppen um Josip Jelačić (1801–1859), den Banus von Kroatien, zusammen und leistete bewaffneten Widerstand. Dabei verlagerte sich der Aufstand auch in die Westslowakei. Am 19. September 1948 verkündete der Nationalrat in Myjava die Loslösung der Slowakei von Ungarn und rief das gesamte slowakische Volk zu einem Generalaufstand auf. Die ungarische bewaffnete Garde allerdings drängte die Slowaken nach Mähren zurück und ging scharf gegen die Aufständischen vor. Noch heute zählt dieser Aufstand zu den Höhepunkten der Revolution, obwohl er gescheitert ist: Die Slowaken griffen nach 1000 Jahren zum ersten Mal für ihre nationale Sache zu den Waffen.

Wenn auch nicht für die Slowaken, so schienen die revolutionären Ereignisse zunächst für Ungarn ein positives Resultat zu bringen: die sog. oktroyierte Verfassung von 1849, die fortschrittliche Elemente enthielt. Jedoch sicherte die wiedererstarkte österreichische Kaisermacht in Ungarn bereits im August 1849 mit russischer Hilfe ihre Position, und die Verfassung wurde 1851 durch einen Staatsstreich annulliert. Dies leitete die Phase des sog. Neoabsolutismus ein, der durch absolute Krongewalt des Kaiserreichs gekennzeichnet war: Das gesamte Königreich Ungarn verlor seine Selbständigkeit und wurde wie eine Provinz verwaltet. Die Slowaken – wie auch die übrigen Nationalitäten Ungarns – erhielten aber von der sonst rigorosen Regierung Alexander Bach (1851–1859) das Zugeständnis, ihre Sprache als Amtssprache sowie in einigen Volks- und Mittelschulen als Unterrichtssprache verwenden zu können. Für die Slowaken setzte allerdings Ján Kollár eine Variante des Altslowakischen durch (s. S. 134).

Zu dieser Zeit kam es von seiten des ungarischen Adels noch nicht zu nationalen Repressionen gegen die slowakische Bevölkerung. Dies sollte sich jedoch nach dem Ende der Bachschen Ära durch mehrere Novellierungen der österreichischen Verfassung ändern.

Die Ära Bach endete, als sich Kaiser Franz Joseph I. gezwungen sah, den unbeliebten Innenminister 1859 angesichts der aufkommenden innenpolitischen Krise zu entlassen. Diese Krise hatten mehrere Faktoren ausgelöst: Österreichs Niederlage 1859 im Krieg gegen italienische Truppen, die um ihre nationale Einheit kämpften, eine verfehlte Handelspolitik sowie die immer noch schwelenden Autonomiebestrebungen der verschiedenen Nationalitäten in Österreich und der bedrohlich gewachsene Widerstand Ungarns gegen das neoabsolutistische System. Eine Verfassungsreform zu Gunsten Ungarns wurde unumgänglich. Nachdem zwar zunächst das sog. Oktoberdiplom 1860 mit einigen autonomen Verwaltungsrechten für Ungarn scheiterte, bedeutete das Februarpatent 1861 bereits die Grundlage für die Österreichisch-Ungarische Doppelmonarchie, die 1867 im österreichisch-ungarischen Ausgleich festgeschrieben werden und die nationale Entwicklung der Slowaken über Jahrzehnte hemmen sollte.

Diese drei Verfassungen berücksichtigten die nationalen Forderungen der Slowaken in keinster Weise, schon das Oktoberdiplom verstärkte das Verwaltungsmonopol des ungarischen Adels. Alle wichtigen Staatsämter wie die Hofkanzlei, die Statthalterei, die wichtigsten Beamten wurden schließlich von Mitgliedern der ungarischen Aristokratie besetzt. Dadurch wurden die Slowaken im öffentlichen Leben fast ganz ausgeschaltet.

Um dieser Entwicklung entgegenzutreten, riefen die slowakischen Führer für den 6. und 7. Juni 1861 zu einer Volksversammlung in Martin auf, das heute wegen seiner geschichtlichen und kulturen Bedeutung das „slowakische Athen" genannt wird. Auf dieser größten Massenkundgebung des slowakischen Volkes im 19. Jahrhundert wurde eine slowąkische Autonomie im Rahmen des Königreichs Ungarn beschlossen.

Die von Wien eingesetzte provisorische ungarische Regierung machte den Nationalitäten Ungarns, so auch der Slowakei, zwar einige Zugeständnisse auf kulturellem Gebiet (z. B. Gründung der Matica slovenská), doch zu einem entschiedenen nationalen Reformplan konnte man sich nicht entschließen, und so scheiterte auch diese slowakische Initiative, die Slowakei zu einem autonomen Kronland zu erheben.

Der österreichisch-ungarische Ausgleich 1867, die für die Slowaken folgenreichste Veränderung der österreichischen Verfassung, wurde nach zähen Verhandlungen zwischen der Wiener Regierung und den Vertretern Ungarns verabschiedet. Wien gab

Matica slovenská

Die Kulturinstitution *Matica Slovenská,* 1863 durch private Initiativen in Martin gegründet, übte einen entscheidenden Einfluß auf die Herausbildung des slowakischen Nationalbewußtseins vor dem österreichisch-ungarischen Ausgleich aus. In erster Linie diente die Matica Volksbildungszwecken, gleichzeitig war sie aber als wissenschaftliche Institution geplant. Sie konnte sich zunächst nicht frei entfalten, da sie schon zwölf Jahre nach ihrer Gründung vom ungarischen Staat aufgelöst wurde. Erst im tschechoslowakischen Staat konnte sie ihre Aktivitäten wieder aufnehmen. Auch in heutiger Zeit fungiert sie als wichtiger Träger des (bisweilen übertriebenen) slowakischen Nationalbewußtseins.

vielen ungarischen Forderungen nach, da es sowohl innenpolitisch (v.a. durch die Obstruktionspolitik Ungarns) als auch außenpolitisch (durch die Niederlage im Deutschen Krieg 1866) unter Druck stand. Der Ausgleich enthielt zwei Gesetzeskomplexe: das ungarische Ausgleichsgesetz, das die rechtliche Situation zwischen dem Kaiser als König von Ungarn und der im eigenen Reichstag vertretenen ungarischen Nation regelte, und das sogenannte Delegationsgesetz für die übrigen im Reichsrat vertretenen Königreiche und Länder (z.B. Böhmen, Mähren, Galizien und Ladomerien). Ergänzt durch die österreichische Dezemberverfassung schuf der Ausgleich die Doppelmonarchie Österreich-Ungarn, eine Realunion mit einem verfassungsrechtlich allen Kronländern gemeinsamen erblichen Herrscher und eine Doppelmonarchie zweier gleichberechtigter Reichshälften.

Bald nach dem Ausgleich begann für die Slowaken – wie auch für die Rumänen, Kroaten, Serben – die Zeit der schwersten nationalen Unterdrückung, der Madjarisierung.

Die Ungarn hielten von nun an innerhalb der Doppelmonarchie die staatliche und wirtschaftliche Macht in ihren Händen. Sie erhoben die bereits seit Ende des 18. Jahrhunderts, also parallel zum Prozeß der nationalen Wiedergeburt der einzelnen Völkerschaften entstandene Idee eines rein ungarischen Nationalstaates zur Staatsideologie. Weder die Slowaken noch die übrigen Nationalitäten besaßen auf staatlicher Ebene Rechte oder eine Vertretung, weil in Ungarn bis zum Zerfall der Donaumonarchie nach einem Klassenwahlsystem gewählt wurde, in dem der mittlere und niedere Adel den Ton angab.

Zwar sollte das Nationalitätengesetz von 1868 den individuellen Angehörigen der nichtungarischen Völker in Ungarn bestimmte sprachliche und kulturelle Rechte zusichern, es wurde jedoch in der Praxis nicht befolgt. Das Nationalitätengesetz erlaubte beispielsweise die Bildung von Nationalvereinen, doch bald mußten die Vereinsstatuten schon zweisprachig, also auch in der Staatssprache vorliegen. 1875 schließlich wurden die Nationalvereine – ebenso wie die Matica slovenská – verboten. Zu einem besonders effektiven Instrument der Madjarisierung wurde das Bildungssystem. Allein in den 45 Jahren nach 1867 bis zum Schuljahr 1912/1913 ging die Anzahl der Volksschulen mit Slowakisch als Unterrichtssprache von 2000 auf 377 zurück.

Von 227000 schulpflichtigen Kindern mit slowakischer Muttersprache konnten nur 17% eine Volksschule mit slowakischer Unterrichtssprache besuchen. Durch die Schließung der vier slowakischen Gymnasien bis zum Zerfall der Doppelmonarchie Österreich-Ungarn im Jahr 1918 hatten die Slowaken keine weiterführende Schule mehr. Als einzige kulturtragende Institution blieben die Kirchen, in denen, vor allem in den katholischen, meist noch slowakisch gebetet und gepredigt wurde.

Durch die rigorose Durchsetzung der Madjarisierungspolitik war die slowakische Nation Ende des 19. Jahrhunderts kulturell und sprachlich bereits sehr weit assimiliert. Auch die Intelligenz sprach mehrheitlich nur noch ungarisch.

Um die Jahrhundertwende formierten sich verschiedene bürgerliche Parteien mit drei Hauptrichtungen, die sich für die nationalen Belange des slowakischen Volkes einsetzten, ohne jedoch die Integrität des Königreichs Ungarn anzuzweifeln: die slowakische Volkspartei, die Liberalen (Masaryks Anhänger) und die völkischen Klerikalen, die aus der ungarischen Volkspartei hervorgegangen waren.

Die Republiken

Die Entstehung der Tschechoslowakei 1918

Schon während des Ersten Weltkriegs waren tschechische Politiker, und hier besonders Tomáš Garrigue Masaryk und sein Mitarbeiter Edvard Beneš, die 1914 bzw. 1915 emigriert waren, bemüht gewesen, in London, Paris und Washington ihr nationalstaatliches Anliegen durchzusetzen. Sie sollten die Alliierten schließlich für sich gewinnen, da sie ihren geplanten tschechoslowakischen Nationalstaat demokratisch zu ordnen versprachen und exiltschechische militärische Unterstützung im Kampf gegen die Mittelmächte anboten. Letztendlich gelang ihr Unternehmen auch deshalb, weil die Alliierten zunächst keine festen Pläne für die Neugestaltung Ostmitteleuropas besaßen und gerne einen schon fertigen Vorschlag aufnahmen.

In der Tat fand der Entscheidungsprozeß von Tschechen und Slowaken, einen gemeinsamen Staat zu gründen, hauptsächlich

Das Pittsburgher Abkommen – viele Versprechungen...

Das Abkommen enthielt u.a. die Bestimmungen, die Slowakei werde ihre eigene Verwaltung, ihren Landtag, ihre eigenen Gerichte erhalten, und das Slowakische werde zur Amtssprache in Schulen, im Staatsdienst und im öffentlichen Leben. Der letzte Satz des Abkommens lautete allerdings, die weiteren Einzelheiten über die Ausgestaltung des tschechoslowakischen Staates würden den befreiten Tschechen und Slowaken sowie ihren rechtmäßigen Vertretern überlassen.

im Ausland statt. Die zahlreichen seit dem 19. Jahrhundert in die Vereinigten Staaten und nach Kanada emigrierten Angehörigen dieser Volksgruppen gründeten 1915 das tschechische „Auslandskomitee". Masaryk veranlaßte etwas später auch Slowaken, in dieses Komitee einzutreten und sich mit den Tschechen zu verbinden, indem er ihnen Gleichheit und Selbstregierung anbot. Die kleine slowakische Elite in Amerika vertrat dann auch zunehmend die Auffassung, daß allein das Zusammengehen mit den weiterentwickelten Tschechen der Entnationalisierung, Rückständigkeit und Armut Einhalt gebieten könne. Es folgte schließlich im Oktober 1915 die gemeinsame Unterzeichnung des Cleveland-Abkommens durch den Tschechischen Nationalverband in den Vereinigten Staaten und die Slowakische Liga Amerikas.

... und wenig dahinter

Die Staatsideologie des Tschechoslowakismus – man sprach von einem tschechoslowakischen Volk, sogar von einer tschechoslowakischen Sprache – bedeutete de facto die Benachteiligung der Slowaken gegenüber den Tschechen, auch wenn man ihnen auf kulturellem Gebiet erhebliche Freiheiten gestattete. Durch den Zentralismus der Prager Regierung entstanden im Laufe der Zeit ernste Differenzen zwischen beiden Völkern. Praktisch wirkte sich die Dominanz der Tschechen beispielsweise bei der Frage der personellen Besetzung der neuen slowakischen Behörden und Unternehmensleitungen aus. Daß die meisten ehemals ungarischen Stellen zunächst mit besserqualifizierten Tschechen besetzt wurden, war einzusehen. Jedoch zeigte sich im Laufe der Zeit, daß dies zum Prinzip erhoben wurde und Slowaken nicht an führende Positionen gelangten.

Dies war also die Basis für die Verhandlungen von Masaryk und Beneš mit den Alliierten, als deren Ergebnis die Tschechoslowakische Republik (ČSR) nach dem Ersten Weltkrieg vollständig aus der alten Doppelmonarchie gelöst wurde. Im Wiener Parlament jedoch gab es auch Stimmen, die das Reich lieber bundesstaatlich umgebildet als aufgelöst hätten. Sie konnten sich allerdings nicht durchsetzen. Am 30. 05. 1918 unterzeichnete Masaryk mit dem Tschechischen Nationalverband in den Vereinigten Staaten und der Slowakischen Liga Amerikas das Pittsburgher Abkommen über den neuen Staat.

Am 18. 10. 1918 proklamierte die tschechoslowakische provisorische Regierung in einer in Washington herausgegebenen Erklärung die Unabhängigkeit der Tschechoslowakischen Republik. Noch während eine Delegation des im Juli 1918 gegründeten Tschechoslowakischen Nationalausschusses mit Beneš als Vertreter des Tschechoslowakischen Nationalrats in Genf über die Regierungsbildung verhandelte, wurde in Prag am 28. 10. 1918 die Tschechoslowakische Republik ausgerufen. Der Nationalausschuß löste die österreichischen Behörden ab, die sich, um Blutvergießen zu vermeiden, freiwillig zurückzogen. Im Oktober 1918 wählte eine Versammlung slowakischer Politiker in Martin einen Slowakischen Nationalrat und bekannte sich zu einem gemeinsamen Staat der Tschechen und Slowaken. Wenig später setzte der Nationalrat eine slowakische Regierung unter Vavro Šrobár (1867–1950) ein. Der Zusammenschluß zur Tschechoslowakei wurde in einem Vertrag zum Schutz der Minderheiten (1918) und in den Friedensverträgen von Saint-Germain-en-Laye (1919) und Trianon (1920) sanktioniert. Der letztere legte die Grenzen der slowakischen Landesteile gegenüber Ungarn fest. Damals hatte die Slowakei 3 Mio. Einwohner, darunter 640 000 Ungarn.

Die Konflikte im gemeinsamen Staat der Tschechen und Slowaken waren jedoch programmiert, da die im Pittsburgher Abkommen festgelegten Rechte der Slowaken zumindest im politischen und wirtschaftlichen Bereich weitgehend unberücksichtigt bleiben sollten.

Hlinkas Slowakische Volkspartei (HSL'S)

Eine führende Rolle im politischen Leben der Slowakei seit Beginn des 20. Jahrhunderts spielte die 1905 gegründete Volkspartei. Ihr Gründer und Vorsitzender, der katholische Pfarrer Andrej Hlinka (1864–1938), formte am 18. 12. 1918 einen von ihm im Vormonat gegründeten Priesterrat in eine politische Organisation um, der er den Namen „Hlinkas Slowakische Volkspartei" *(Hlinkova Slovenská l'udová strana)* gab.

Die Gründungsmotive waren in erster Linie kirchen- und wirtschaftspolitische Bedenken gegen verschiedene Regierungsmaßnahmen sowie die persönlichen Spannungen zwischen Hlinka und dem Regierungsbeauftragten für die Slowakei, Vavro Šrobár.

Zwischen den Regierungsslowaken (v. a. der Agrarpartei und den Sozialdemokraten), die Tschechoslowakisten waren, und dem durch die *HSL'S* vertretenen katholischen Volksteil gab es immer wieder grundsätzliche Divergenzen. So herrschte in den gesellschaftlich dominierenden Kreisen eine starke antikatholische Stimmung vor, die auch von Präsident Tomáš G. Masaryk mitgetragen wurde, obwohl die Mehrheit der Tschechen und Slowaken katholisch war (1921: 76 %, heute etwa 61,5 %). In diesem Sinne wurde die Tschechoslowakische Hussitische Kirche ins Leben gerufen und 1925 ein Staatsfeiertag zu Ehren von Jan Hus eingeführt.

Die *HSL'S* bestimmte das politische Leben der Tschechoslowakei 20 Jahre lang entscheidend mit, da sie – obwohl nur kurzzeitig an der Regierung beteiligt – starken Rückhalt bei der Bevölkerung besaß: etwa 30 % der Wähler unterstützten sie.

Andrej Hlinka selbst wurde zum Hauptexponenten der Richtung, die mit der Forderung nach einer „nationalen Autonomie für die Slowakei" für eine stärkere Berücksichtigung der slowakischen Belange in der tschechoslowakischen Innenpolitik eintrat. Er verstand es in seinen emotionalen Reden, das Nationalgefühl der Slowaken wachzuhalten. Nicht umsonst trug er schon zu Lebzeiten den Ehrentitel *Vodca Národa,* Führer des Volks.

Seit 1929 gewann ein weiterer katholischer Priester und bedeutender Politiker, der gemäßigte Jozef Tiso, Einfluß auf Hlinka. Innerhalb der *HSL'S* entwickelten sich ein konservativer und ein radikaler Parteiflügel. Der konservative zeigte sich kompromißbereit im Sinne einer kulturellen Autonomie, einer Beteiligung der

Andrej Hlinka (1864–1938)

Slowaken an der Verwaltung und einer besseren Koordinierung der Wirtschaftspolitik. Als Repräsentanten der Konservativen nahmen Jozef Buday und Tiso den stellvertretenden Vorsitz der Partei ein. Sprecher des radikalen (antitschechischen) Flügels war Vojtech Tuka. Er propagierte einen idealen slowakischen „Nationalstaat" nach dem Vorbild des faschistischen Italien. Später trugen die Erfolge der Sudetendeutschen Partei nach der Machtübernahme Hitlers zu einer weiteren Radikalisierung dieses Parteiflügels bei: Er trat für einen voll souveränen slowakischen Staat ein.

Hlinka selbst dachte nicht an einen selbständigen slowakischen Staat, forderte mit der Zeit jedoch immer mehr, weil er nicht einmal bescheidene Wünsche in Prag durchsetzen konnte. Die tschechoslowakischen Regierungen lehnten bis 1938 die von der *HSL'S* immer intensiver gestellte Forderung nach nationaler Autonomie entschieden ab: Sie wollten der Republik einerseits das „tschechoslowakische" Mehrheitsvolk erhalten, andererseits aber auch keinen Präzedenzfall für Autonomieforderungen der deutschen, ungarischen und polnischen Minderheiten schaffen.

Erst nach dem Münchner Abkommen vom 29.9.1938, das die Abtretung der sudetendeutschen Gebiete an das Deutsche Reich diktierte, und zwar mit französischer, englischer und italienischer Billigung, erkannte die geschwächte Zentralregierung am 6.10.1938 im Silleiner Abkommen gezwungenermaßen das

Bevölkerung der Tschechoslowakei im Jahr 1938

Tschechen	7,2 Millionen
Deutsche	3,5 Millionen
Slowaken	2,5 Millionen
Ungarn	0,7 Millionen
Karpato-Ukrainer	0,5 Millionen
Polen	0,1 Millionen

Quelle: Tschechen und Deutsche (Informationen zur politischen Bildung, H. 132, 1993, S. 18)

Selbstbestimmungsrecht des slowakischen Volkes an und garantierte dem „autonomen Land Slowakei" eine weitreichende politische Selbstverwaltung. Teile der *HSL'S* strebten dann im 1. Wiener Schiedsspruch vom 2. 11. 1938, also nach Hlinkas Tod, mit deutscher Unterstützung die volle Souveränität an. Zwischen 1938 und 1945 war die *HSL'S* die allein zugelassene Partei in der Slowakei, umbenannt in „Slowakische Nationale Einheitspartei". Ihr ursprünglicher Namensgeber, Andrej Hlinka, unter den Kommunisten verfemt, ist heute rehabilitiert.

Die erste erzwungene Slowakische Republik 1939–1945

Das Münchner Abkommen wurde bekanntlich ein halbes Jahr nach seiner Unterzeichnung hinweggefegt. Die ČSR wurde am 14. 3. 1939 in drei Teile geteilt: Die Ruthenen in der Karpato-Ukraine kamen zu Ungarn, die Slowaken wurden souverän. Diese Souveränität erzwang Hitler als Vorwand für die Liquidation der Rest-Tschechoslowakei, für deren Eingliederung als „Protektorat Böhmen und Mähren" in das Deutsche Reich. Der neuen Slowakischen Republik wurde als Vorbild für die nationalsozialistische „neue Ordnung in Europa" bei engster außen- und wirtschaftspolitischer Bindung an das Deutsche Reich ein begrenztes innenpolitisches Eigenleben zugestanden – sozusagen unter deutschem Schutz, daher auch die Bezeichnung „Schutzstaat". Unter Jozef Tiso erhielt dieser erste slowakische Staat eine autoritär-konservative Verfassung mit ständestaatlichen Vorstellungen. Dabei versuchte die Regierung Tiso und Tuka, die von Oktober 1938 bis

Unter Druck

Jozef Tiso strebte ursprünglich nicht einen von Prag losgelösten slowakischen Staat an, jedenfalls so lange nicht, wie die Tschechoslowakei dem deutschen Druck standhielt, d.h. bis zu ihrer Auflösung durch Hitler im März 1939. Nach der Errichtung des Protektorats Böhmen-Mähren hatte die Slowakei keine andere Wahl, als sich dem Druck Hitlers zu fügen. Tiso wurde zum Präsidenten des neuen Staates ernannt.
Heute ist bekannt, daß Hitler diese Lösung mit massiven Drohungen durchgesetzt hat, vor allem drohte er mit der Aufteilung der Slowakei zwischen Ungarn und Großdeutschland, unter Mitbeteiligung Polens. Auch die Schaffung eines zweiten Protektorats für eine um ungarische und volksdeutsche Zonen amputierte Slowakei wurde erwogen, um die Slowaken gefügig zu machen. Unter diesen Umständen war Tisos Republik noch die am ehesten erträgliche Lösung.

September 1944 amtierte, die Möglichkeiten einer wirtschaftlichen und kulturellen Entfaltung, so weit es ging, zu nutzen.

Als Tiso nach Kriegsschluß von den Alliierten an Prag ausgeliefert und vor Gericht gestellt wurde, verurteilte man ihn zum Tode. In der Slowakei erwartete man allgemein, daß er von dem damaligen tschechoslowakischen Präsidenten Beneš begnadigt würde. Dieser lehnte jedoch ein Gnadengesuch des Verurteilten ab. Die Hinrichtung Tisos führte zu Unruhe in der Slowakei und nährte wieder einmal die Bestrebungen nach Unabhängigkeit von den Tschechen. Tiso war nämlich in der Slowakei, trotz aller Vorbehalte, ziemlich populär. Man schrieb ihm, nicht ganz zu Unrecht, das slowakische Wirtschaftswunder zu. Eine Begnadigung Tisos hätte wahrscheinlich auf lange Jahre hinaus Wunder gewirkt. Viele Slowaken kommentierten Tisos Hinrichtung mit den Worten: „Die Tschechen haben nichts gelernt und alles vergessen." Der slowakische Nationalismus hatte seinen Märtyrer.

Dennoch ist Tisos Rolle als Staatsoberhaupt des slowakischen Vasallenstaats heute umstritten. Einerseits wird ihm vor allem die Deportation der slowakischen Juden in die Vernichtungslager der Nazis und die Niederschlagung des slowakischen Nationalaufstands 1944 zur Last gelegt. Für diese war die deutsche Armee verantwortlich, allerdings nicht ohne enge Zusammenarbeit mit Tiso. Andererseits heißt es, Tiso habe immerhin die Übernahme

Der Slowakische Nationalaufstand (SNP)

Das Zentrum des slowakischen Nationalaufstands von 1944 *(Slovenské národné povstanie, SNP)* gegen die Faschisten war Banská Bystrica. Die Aufständischen hielten das Gebiet gegen den Angriff der Deutschen fast zwei Monate lang, vom 29. August bis Ende Oktober. Der Aufstand ging von der slowakischen Armee aus, die aus etwa 60000 Mann bestand und von etwa 18000 Partisanen unterstützt wurde. Die entscheidende Offensive gegen die Aufständischen begann am 17.10. von Ungarn aus. Am 27.10. fiel Banská Bystrica, und die Aufständischen wurden inhaftiert, desertierten oder liefen zu den Partisanen über, die den Widerstand bis Kriegsende fortsetzten. Der Aufstand wurde später von der kommunistischen Geschichtsschreibung ausgeschmückt und glorifiziert, wird heute jedoch einer kritischeren Betrachtung unterzogen.

der Nürnberger Judengesetze abgelehnt und unter den gegebenen Umständen sein Möglichstes getan, um die Deportationen aufzuschieben, wodurch viele Juden und andere Verfolgte gerettet wurden. Und wenn auch die meisten Slowaken den Aufstand von 1944 als Beleg für die antifaschistischen und demokratischen Traditionen in der Slowakei betrachten, so gibt es doch auch nationalistisch orientierte Kräfte, die die Erhebung als „Meuterei" gegen die slowakische Staatlichkeit verurteilen, Tisos Reaktion also rechtfertigen. Vorschläge, den zentralen Platz Bratislavas nicht länger nach dem Nationalaufstand, sondern nach Tiso zu benennen, lehnte der Bürgermeister von Bratislava jedoch ab. Nach dem Nationalaufstand ist übrigens auch die moderne Brücke *SNP* in Bratislava benannt.

1945: Die Wiederherstellung der „Tschechoslowakischen Republik"

Die Rahmenbedingungen für die Wiederherstellung der „Tschechoslowakischen Republik" legten – wie schon für die erste Staatsgründung – erneut tschechische Politiker außerhalb des Landes fest. Der im Oktober 1938 zurückgetretene Präsident Beneš hatte im Herbst 1939 in London ein Tschechoslowakisches Nationalkomitee gebildet, das am 23. 7. 1940 als „Provisorische Regierung der Tschechoslowakei" die vorläufige Anerkennung durch die Alliierten erhielt. Am 11. 12. 1940 konstituierte sich ein von Beneš ernannter Staatsrat als Exilparlament, das Vertreter fast aller tschechischen Parteien umfaßte. Der Aufbau einer Auslandsarmee in Großbritannien und in der UdSSR förderte die definitive Anerkennung der Exilregierung: Im Sommer 1942 distanzierten sich die Alliierten vom Münchner Abkommen und stellten nach dem angestrebten Sieg über Hitler die Wiederherstellung der ČSR in ihren Grenzen von 1937 in Aussicht.

Die Exilregierung verwarf jedoch die ehemalige Westorientierung der ČSR. Die Befürchtung, allein ohne starken Schutz selbst einem besiegten deutschen Nachbarn nicht standhalten zu können, und das durch das Versagen der Westmächte 1938 in München ausgelöste Trauma bestärkten sie in ihrer Grundsatzentscheidung, daß die UdSSR fortan der wichtigste Bündnispartner sein sollte.

Am 8. 5. 1944 wurde die Vereinbarung zwischen der Exilregierung und der UdSSR geschlossen, das Land von der Roten Armee besetzen zu lassen. Diese sollte in den von der deutschen Besatzung befreiten Gebieten den Vertretern der tschechoslowakischen Regierung sogleich Zivilverwaltungskompetenzen übertragen. Unter dem Schutz der vorrückenden sowjetischen Truppen kamen dabei natürlich vor allem die Kommunisten zum Zuge. Mit Erfolg förderten sie gegen die Proteste der Regierung

Das Kaschauer Programm

Die Kommunisten unter Klement Gottwald entwarfen das „Kaschauer Programm". Es wurde am 5. 4. 1945 von der neu eingesetzten Regierung Fierlinger, die ganz unter den Einfluß der Kommunistischen Partei geraten war, verkündet und hatte die grundlegende Umgestaltung der politischen, wirtschaftlichen und sozialen Verhältnisse zum Ziel. Dabei stellte es einen Kompromiß zwischen unklaren Reformvorstellungen der bürgerlich-demokratischen Kräfte und den viel weiter gehenden Forderungen der Kommunistischen Partei dar.
Im Kaschauer Programm wurde der wiedereingegliederten Slowakei im Rahmen der Tschechoslowakei die Landesselbstverwaltung zugesichert. Sie wurde jedoch auch in den folgenden Jahrzehnten immer noch nur ansatzweise verwirklicht. Weder die slowakische Landesregierung noch die slowakische Kommunistische Partei konnte sich gegen die Prager Zentrale behaupten.

Beneš den Anschluß der Karpato-Ukraine an die Ukranische Sowjetrepublik. Um eine ähnliche Entwicklung in der Slowakei zu verhindern, reiste Beneš zu Verhandlungen nach Moskau (17.–31. 3. 1945), in deren Verlauf das Schicksal der Nachkriegs-Tschechoslowakei besiegelt wurde.

1948 konnte die Kommunistische Partei für die nächsten 40 Jahre die politische Führung des Landes übernehmen. Der letzte Repräsentant der alten demokratischen Ordnung, Außenminister Jan Masaryk, schied auf bis heute noch ungeklärte Weise aus dem Leben. Beneš blieb nur noch der Rücktritt übrig, nachdem er die Unterzeichnung der am 9. 5. 1948 von der Nationalversammlung einstimmig verabschiedeten neuen Verfassung verweigert hatte. Sein Nachfolger wurde Klement Gottwald. Die KPČ übte fortan die alleinige Herrschaft in der Tschechoslowakei aus und konnte nun ungehindert den Umbau zur stalinistischen „Volksdemokratie" vorantreiben, die zur Gleichschaltung von Staat und Gesellschaft, zum Verlust der Bürgerrechte sowie zur Eingliederung in das sowjetische Wirtschaftssystem führte. Begleiterscheinungen der Planwirtschaft waren nicht nur Versorgungsengpässe, sondern vor allem auch die sich heute noch negativ auswirkende einseitige Industrialisierung: Es wurden vor allem die in der Slowakei vorhandenen Rüstungsbetriebe modernisiert und erweitert.

Die Tschechoslowakische Sozialistische Republik

1960 wurde die Tschechoslowakei in Tschechoslowakische Sozialistische Republik (ČSSR) umbenannt und erhielt eine neue Verfassung. Gleichzeitig begann eine Gruppe von Reformkommunisten, Änderungen im Wirtschaftssystem (Übergang von extensiver Bewirtschaftung zu intensiver) und Liberalisierungen im politischen und kulturellen Leben einzuleiten. Nach dem XII. Parteitag der tschechoslowakischen KP im Dezember 1962 konnten auch die durch eine bevorzugte Industrialisierung ihres Landes selbstbewußter gewordenen Slowaken ihren Einfluß steigern.

„Sozialismus mit menschlichem Antlitz" war die Losung dieser Bewegung. Der sogenannte Prager Frühling entfaltete seine ganze Kraft, als Antonín Novotný als Erster Sekretär des Zentral-

Alexander Dubček (1921–1992)

komitees der KP durch Alexander Dubček ersetzt wurde. Dubček war der erste Slowake in dieser Funktion seit Bestehen der Tschechoslowakei. Er lockerte die Pressezensur, sorgte für mehr Meinungs- und Versammlungsfreiheit, machte die Staatsgrenzen durchlässiger und ließ erstmals nach 20 Jahren wieder offiziell Informationen aus nichtsozialistischen Ländern zu.

Der Reformversuch des Slowaken ist jedoch gescheitert: Im August 1968 rollten die Panzer des Warschauer Pakts in die Tschechoslowakei, und sowjetische Truppen besetzten das Land. Dubček wurde mit einigen weiteren führenden politischen Aktivisten festgenommen und in die Sowjetunion überführt, wo er am 26. 8. 1968 unter starkem Druck das sogenannte Moskauer Protokoll über die Normalisierung der Verhältnisse in der Tschechoslowakei mit unterschrieb. In den folgenden Monaten bemühte er sich, so viele Errungenschaften des Prager Frühlings wie möglich gegen den Druck Moskaus und die heimischen neostalinistischen Kräfte zu verteidigen, wurde jedoch am 17. 4. 1969 gezwungen zurückzutreten. Den Parteivorsitz übernahm nun Gustáv Husák (1913) – auch ein Slowake.

Danach setzte die Zeit der sogenannten Normalisierung ein, und das totalitäre kommunistische System etablierte sich wieder.

Der bekannteste Slowake: Alexander Dubček

wurde am 27. 11. 1921 im westslowakischen Uhrovec (Kreis Topol'čany) geboren. Er lebte von 1925 bis 1938 mit seinen Eltern in der UdSSR. Nach der Rückkehr in die Tschechoslowakei wurde er 18jährig Mitglied der Kommunistischen Partei der Slowakei *(KSS)*. Während des Zweiten Weltkriegs nahm Dubček an der antifaschistischen Widerstandsbewegung und am slowakischen Nationalaufstand *(Slovenské národné povstanie, SNP)* teil. Danach bekleidete er zahlreiche führende Ämter und war 1963 bis 1969 Präsidiumsmitglied der KP der Tschechoslowakei *(KSČ)*, 1963 bis 1968 der Erste Sekretär im Zentralkomitee der slowakischen KP *(KSS)*.
Nach der Niederschlagung des Prager Frühlings arbeitete Dubček in der staatlichen Forstverwaltung in Bratislava. Trotz staatlicher Repressalien unterhielt er in den 70er und 80er Jahren Kontakte mit der oppositionellen Bewegung Charta 77 und äußerte sich immer wieder regimekritisch. Bei den Umwälzungen Ende der 80er Jahre konnte er erneut in die Öffentlichkeit treten, wurde gemeinsam mit Václav Havel als Symbol des Widerstands gegen den real existierenden Sozialismus gefeiert und zu einem der führenden Vertreter der „samtenen" Revolution in der Tschechoslowakei. Seit dem 28. 12. 1989 amtierte er auch wieder als Abgeordneter der Volkskammer und als Vorsitzender der Föderativen Versammlung. Dubček kam 1992 bei einem Autounfall ums Leben.

Im Oktober 1968 verabschiedete das Parlament ein Verfassungsgesetz über die tschechoslowakische Föderation. Die Föderalisierung hatte als einziges Ergebnis der Bemühungen der Slowaken um Selbstbestimmung in der Tschechoslowakei Bestand. Jedoch erfüllte auch sie die in sie gesetzten Erwartungen nicht, da die Autonomie der Slowakei praktisch nur auf kulturellem Gebiet bestand.

Darüber hinaus behielt sich die Sowjetunion gemäß dem im Oktober 1968 unterzeichneten Vertrag einen „vorübergehenden Aufenthalt" von sowjetischen Truppen im Land vor. Diese Besetzung sollte 22 Jahre dauern: Die letzten Russen verließen die Tschechoslowakei im Juni 1991.

Der nach der Zerschlagung des Prager Frühlings von der UdSSR erzwungene Normalisierungskurs stieß in der Slowakei auf wenig Widerstand. Die Opposition der 70er und 80er Jahre wurde hier vor allem durch die katholische Kirche getragen. Die

Menschenrechtsbewegung „Charta '77" war in der Slowakei zwar aktiv, jedoch mit weniger Unterstützung von seiten der Bevölkerung, als dies im tschechischen Teil des Landes der Fall war. Insgesamt muß man sagen, daß es der Dissidentenbewegung in der Slowakei nie wirklich gelungen ist, breite Bevölkerungsschichten anzusprechen und zu mobilisieren.

Hoffnungen auf Änderung kamen erst im Jahr 1985 auf, als Michail Gorbačev mit der Losung „Glasnost und Perestroika" den Kurs der Sowjetunion entscheidend umbestimmte. Viele tschechische und slowakische Gruppierungen begannen nach der Zeit der Stillhaltens politisch und kulturell aufzuleben. Beim

Die katholische Kirche in der Opposition

Nach der kommunistischen Machtübernahme 1948 hatte die katholische Kirche einen schweren Stand. Viele Priester wurden inhaftiert und verfolgt und mußten unter dem ständigen Druck des Staates Loyalitätseide leisten. Die evangelische, die orthodoxe sowie die Tschechoslowakische Kirche unterstützten dagegen aktiv die Regierung. Die Unterdrückung offizieller katholischer kirchlicher Strukturen förderte in den 80er Jahren die Entstehung einer „Untergrundkirche" mit heimlich geweihten Priestern. Die regimekritischen Aktivitäten der katholischen Kirche fanden Unterstützung in der Bevölkerung und lösten – auch aufgrund des religiösen Nachholbedarfs – geradezu eine religiöse Renaissance aus. 1988 unterzeichneten mehr als eine halbe Million Menschen eine Petition für Religionsfreiheit. Im März kam es zu Übergriffen gegen katholische Demonstranten in Bratislava. Erst nach der „samtenen" Revolution wurde die Religionsfreiheit wiederhergestellt. Während also das Gewicht der katholischen Kirche in der Gesellschaft deutlich zugenommen hat – auch die Nachfrage nach Priestern ist zur Zeit sehr hoch –, sank die Bedeutung der evangelischen und der Tschechoslowakischen Kirche.

Enormen Zulauf haben die zahlreichen Wallfahrten in den Sommermonaten. Die größte in Levoča, deren Ziel die 2 km entfernte Kirche der Jungfrau Maria auf dem Marienberg (Mariánska hora) ist, bildet den Auftakt. Bis zu 250000 Katholiken besuchen am ersten Wochenende im Juli den sonst ruhigen, nur 11000 Einwohner zählenden Ort. Ein besonderes Ereignis war der Papstbesuch 1996, bei dem Levoča im wahrsten Sinne „Kopf stand". Die Regierung unterstützt die Gläubigen, indem sie auf die Kirchensteuer verzichtet und die Kirchen subventioniert.

friedlichen Umsturz spielte gerade auch die katholische Kirche eine große Rolle. Bereits am 25. 3. 1988 fand in Bratislava eine friedliche Manifestation gegen die Unterdrückung der Kirche und der Rechte der Gläubigen statt. Auch Studenten brachten mit Versammlungen und Demonstrationen viel Bewegung in diese Phase der bevorstehenden Umwälzung.

„Samtene" Revolution und Unabhängigkeit

Es bildeten sich Organe, die die regelmäßig abgehaltenen Versammlungen koordinierten. In Prag war es das Bürgerforum *(Občanské fórum)*, initiiert und unterstützt vor allem von Václav Havel, in Bratislava die Schwesterorganisation „Öffentlichkeit gegen Gewalt" *(Verejnosť proti násiliu)* mit Vladimír Mečiar in der Führung. Die von diesen Gruppen organisierten und mehr als eine Woche dauernden Massendemonstrationen sowie der zweistündige Generalstreik am 27. 11. 1989 zeigten schließlich, daß nicht die kommunistische Führung, sondern die Kräfte des Widerstands die Bevölkerung hinter sich hatten. Die tschechoslowakische Regierung war gezwungen, mit der Bevölkerung in einen Dialog zu treten und nahm entscheidende Verfassungsänderungen vor: Sie annullierte den Artikel 4 über die führende Rolle der Kommunistischen Partei und verabschiedete das Gesetz Nr. 15/1990, welches die Zulassung von politischen Parteien und das Wahlgesetz beinhaltet. So verlor sie allmählich an politischer Macht.

Die „samtene" Revolution hatte die kommunistische Herrschaft beendet. Sie war mit der Ernennung einer mehrheitlich nichtkommunistischen neuen Regierung unter Marian Čalfa, der Ersetzung vieler kommunistischer Abgeordneter durch Oppositionelle und der Wahl von Václav Havel zum Staatspräsidenten im Dezember 1989 abgeschlossen. Auch in den beiden Republiken wurden neue Regierungen ernannt, in der Tschechischen Republik unter Petr Pithart und in der Slowakischen Republik unter Milan Čič. Die ersten freien Wahlen fanden nach 44 Jahren im Juni 1990 statt. Hier löste Vladimír Mečiar Milan Čič ab.

Nach der „samtenen" Revolution wurden erneut große Differenzen in der Tschechischen und Slowakischen Föderation (ČSFR) deutlich. Sie wurden von den Regierungschefs Václav

Klaus und Vladimír Mečiar noch forciert, besonders ausgeprägt war das Protest- und Abgrenzungspotential auf der slowakischen Seite. Die erstmals aufkommende hohe Arbeitslosigkeit, der Abbau der Subventionen und die Privatisierung der Staatsbetriebe trugen bei den Wahlen vom 5./6. Juni 1992 zum Sieg der nach voller Unabhängigkeit strebenden Kräfte bei. Unter Führung des slowakischen Ministerpräsidenten Vladimír Mečiar proklamierten sie am 17. 7. 1992 die Souveränität der Slowakei, die zu Jahresbeginn 1993 in Kraft trat.

Skepsis gegenüber dem neuen Staat war nur bei einem Teil der Intelligenz verbreitet sowie bei ausländischen Wirtschaftsfachleuten. Die breite Mehrheit der Bevölkerung stand der Neuentwicklung relativ gleichgültig gegenüber und ist es bis heute geblieben. Die Wurzeln dieser Gleichgültigkeit liegen zum einen in der kommunistischen Vergangenheit. Die Mehrheit der slowakischen (wie auch der tschechischen) Bevölkerung hatte sich an eine Art „Sozialvertrag" mit dem Regime gewöhnt: Gewährleistung sozialer Sicherheit und eines bestimmten Lebensstandards durch die kommunistische Führung gegen Verzicht auf politische Teilnahme und Rückzug ins Private. Zum anderen ist das geringe Engagement der Bevölkerung auch dadurch bedingt, daß sich die slowakische Gesellschaft in einer Phase der Selbstorientierung und des Überlebenskampfes innerhalb der sich verändernden Rahmenbedingungen befindet, d. h. daß für viele vor allem die Sicherung der eigenen wirtschaftlichen Existenz im Vordergrund steht.

Insgesamt hat man den eigenen Staat jedoch weitgehend angenommen und scheint, wenn auch zähneknirschend, bereit, dafür wirtschaftliche und politische Nachteile zu ertragen – die Slowaken wollen endlich Slowaken sein.

Volksmusik wird noch im ganzen Land gepflegt –
nicht nur für Touristen. – V. Bárta

SPRACHE UND KULTUR

Der Kampf um eine eigene Nationalsprache

Die slowakische Sprache

Die slowakische Sprache gehört zu den westslawischen Sprachen mit etwa fünf Millionen Sprechern in der Slowakei und kleineren Sprachinseln vor allem in Ungarn und Rumänien. Sie wird in drei Hauptdialektgruppen eingeteilt: in die westslowakische Gruppe (Linie Bratislava – Trenčín), die mittelslowakische Gruppe (Tatra) und die ostslowakische Gruppe (Linie Košice – Prešov). Die slowakische Schriftsprache selbst basiert auf dem Mittelslowakischen.

Auch wenn man für einen Besuch in der Slowakei nicht eigens Slowakisch lernen muß – man kommt zumindest in größeren Orten mit Deutsch, Englisch oder zur Not mit Zeichensprache aus –, so sind doch einige Informationen zu dieser weich klingenden Sprache wissenswert. Anders als etwa das Russische und Ukrainische wird die slowakische Sprache in lateinischen Schriftzeichen geschrieben, von denen viele wie im Deutschen ausgesprochen werden. Eine Ausnahme bildet das *v*, das am Wortende und am Silbenende nach Vokalen vor bestimmten Konsonanten *u* gesprochen wird. So wird z. B. *pravda* (Wahrheit) „prauda" ausgesprochen und *dievča* (Mädchen) „djeutscha".

Ein besonderes Phänomen des Slowakischen – wie auch einiger anderer slawischer Sprachen – sind die sogenannten diakritischen Zeichen, die nicht weniger als 18 Buchstaben kennzeichnen und die für deutsche Ohren etwas fremdartige Schreibweise und ungewohnte Aussprache bewirken.

Der tschechische Reformator Jan Hus hatte für die bereits im 14. Jahrhundert hochentwickelte alttschechische Schriftsprache den Punkt als diakritisches Zeichen zur Unterscheidung zweier Laute eingeführt, die vorher durch Buchstabenkombinationen ausgedrückt wurde. Die böhmisch-mährischen Brüder wandelten den Punkt in ein Häkchen *(háčik)* um und verbreiteten diese Orthographie in ihrem Bibeltschechisch. Die Schreibweise des stimmhaften ‚ʒ' beispielsweise hat somit folgende orthographische Entwicklung durchgemacht: ‚ʒ' ⇒ sz ⇒ ż ⇒ ž. Bei seiner Konzeption der slowakischen Schriftsprache Mitte des 19. Jahr-

Das slowakische Alphabet

Buchstabe	*Aussprache*
A, a / Á, á	kurzes/langes *a*
Ä, ä	kurzes, offenes *ä*
B, b	*b*
C, c	*ts*
Č, č	*tsch*
D, d	*d*
Ď, d'	erweichtes *d (dj)*
Dz, dz	stimmhaftes *ds*
Dž, dž	stimmhaftes *dsch*
E, e	kurzes *e* (erweicht vorangehendes *t, d, n, l*)
É, é	langes *e* (erweicht nicht)
F, f	*f*
G, g	*g*
H, h	*h*
Ch, ch	*ch* (wie in ach)
I, i / Í, í	kurzes/langes *i* (erweichen vorangehendes *t, d, n, l*)
J, j	*j*
K, k	*k* (unbehaucht)
L, l	*l*
L', l'	erweichtes *l (lj)*
Ĺ, ĺ	langes silbisches *l*
M, m	*m*
N, n	*n*
Ň, ň	erweichtes *n (nj)*
O, o / Ó, ó	kurzes/langes *o*
Ô, ô	*uo*
P, p	*p* (unbehaucht)
Q, q	*kw* (nur in Fremdwörtern)
R, r	rollendes *r*
Ŕ, ŕ	langes silbisches *r*
S, s	stimmloses *s*
Š, š	*sch*
t, t	*t* (unbehaucht)
T', t'	erweichtes *t (tj)*
U, u / Ú, ú	kurzes/langes *u*
V, v	*w*
W, w	*w* (nur in Fremdwörtern)
X, x	*ks* (nur in Fremdwörtern)
Y, y / Ý, ý	kurzes/langes *i* (erweichen vorangehendes *d, t, n, l* nicht)
Z, z	stimmhaftes *s*
Ž, ž	stimmhaftes *sch*

Der kleine Unterschied: das Slowakische und Tschechische

Obwohl sich Tschechen und Slowaken – durch das Zusammenleben seit 1918 in einem gemeinsamen Staat und die Zweisprachigkeit der tschechoslowakischen Medien – gut verständigen können, haben sich ihre Sprachen in früheren Jahrhunderten unterschiedlich entwickelt und weisen daher heute eigene Charakteristika auf. Wer das überaus melodische und weich klingende Slowakische erlernen möchte, hat im Vergleich zum Tschechischen deutliche Vorteile: Der zungenbrecherische Laut *ř* (etwa als weiches ‚rsch' auszusprechen) des Tschechischen bleibt ihm erspart, und das Slowakische hat insgesamt regelmäßigere Formen sowie keinen Vokativ, der die Endungen der Namen bei der Anrede verändert. Bei der Verwendung des Akzents besteht im Slowakischen – im Gegensatz zum Tschechischen – das sogenannte Rhythmische Gesetz, das besagt, daß zwei Längen in einem Wort nicht aufeinanderfolgen dürfen. Außerdem differieren beide Sprachen durch spezifische grammatische Endungen, im Slowakischen seltener vorkommende Lautwechsel und schließlich durch einige Verschiedenheiten im Alphabet: Das Slowakische hat insgesamt mehr Buchstaben, wobei es *ä, ô, ŕ, ĺ, dz* und *dž* ausschließlich sein eigen nennt, während das lange ‚u' *(ů),* das *ř* und *ě (je)* rein tschechisch sind. Des weiteren unterscheidet sich das Slowakische vom Tschechischen in seinem Wortschatz, der zwar sehr ähnlich ist, jedoch – historisch bedingt – mehr ungarische und weniger deutsche Lehnwörter aufweist. Während also das gemeinsame slawische Wortgut sehr ähnlich ist – das Verb „fragen" lautet im Slowakischen *pýtat' sa* und im Tschechischen *ptát se* –, hat sich z. B. für „Stiefel" im Tschechischen *vysoká bota* eingebürgert und im Slowakischen das dem Ungarischen entlehnte *čižma.* Ein weiterer Fall für unterschiedliche Lexik: Das Verb „gefallen" lautet im Tschechischen *líbit se,* im Slowakischen *páčit' sa.* Davon abgeleitet ist die Höflichkeitsform für „bitte" *nech sa páči* (wörtlich: möge es gefallen). Im Tschechischen ist in dieser Funktion *prosím* üblich.

hunderts griff L'udovít Štúr das tschechische System der diakritischen Zeichen auf, und nach einigen Abwandlungen erhielt das Slowakische die Gestalt, die wir heute kennen.

Durch die diakritischen Zeichen operiert das Slowakische – im Vergleich zum Deutschen – mit einem wesentlich breiteren Buchstabeninventar: Während das deutsche Alphabet lediglich 26 Buchstaben kennt, kommt das slowakische auf 46. Mit einem Apostroph versehene Konsonanten werden weich (palatal) ausgesprochen, so z. B. *d'* (‚dj'), *t'* (‚t' mit einem leicht nachklingenden ‚ch') und das *l'* (‚lj'). Die Konsonanten *d, t, n* und *l* werden übrigens – auch ohne weitere Kennzeichnung – vor den Vokalen ‚e' und ‚i' palatal. Der Akzent über Vokalen wie bei *bábka* (Puppe) ist ein Längen- und nicht etwa ein Betonungszeichen: Im Slowakischen wird fast immer auf der ersten Wortsilbe betont. Eine slowakische Besonderheit besteht darin, daß nicht nur Vokale lang sein können, sondern auch die Konsonanten ‚r' und ‚l'. Diese beiden können im übrigen – gleich, ob kurz oder lang verwendet – silbenbildend sein, so daß es also Wörter ganz ohne Vokale gibt wie *vlk* (Wolf) und *tŕn* (Dorn).

Die erste Schriftsprache auf dem Gebiet der Slowakei: das Altkirchenslawische

Das Slowakische geht wie die übrigen slawischen Sprachen auf das Urslawische zurück, das als Sprache der slawischen Stämme in ihrem ursprünglichen Siedlungsgebiet östlich des Karpatenbogens angenommen wird. Schon damals waren wahrscheinlich verschiedene Dialekte herausgebildet. Im Zuge der slawischen Wanderungsbewegungen, die im 7. Jahrhundert nach Christus abgeschlossen waren, kam es zur stärkeren Differenzierung der Dialekte. Aus ihnen entwickelten sich über das dem Urslawischen im 8. Jahrhundert nachfolgende und bis zum 11. Jahrhundert bestehende Gemeinslawische in komplizierten Prozessen die einzelnen slawischen Nationalsprachen, unter ihnen das Slowakische.

Die erste kodifizierte Schriftsprache auf dem Gebiet der heutigen Slowakei war allerdings nicht etwa – was naheliegend wäre – die slowakische, sondern das Altkirchenslawische, die erste slawische Schriftsprache überhaupt. Dieser Umstand ist noch heute ein wichtiger Faktor bei der Entwicklung des slowakischen Nationalbewußtseins und der Suche der Slowaken nach ihrer nationalen Identität. Diese erste slawische Schriftsprache sollte der Verbreitung des Christentums von Byzanz aus dienen.

Die beiden ins Großmährische Reich gerufenen Slawenlehrer, die gelehrten und griechisch-slawisch zweisprachigen Brüder Kyrill und Method, legten dem Altkirchenslawischen den in ihrer Heimatstadt Thessaloniki gesprochenen slawischen Dialekt zugrunde. Konstantin hat ihn normiert, den Satzbau vervollkommnet und den Wortschatz in Anlehnung an das Griechische adaptiert und bereichert. Die von ihnen geschaffene Schriftsprache war somit im Grunde eine südslawische und nicht wie Slowakisch und Tschechisch eine westslawische Sprache. Sie war als überregionales schriftliches Medium konzipiert. Das hierfür neu erdachte glagolitische Alphabet wurde im Laufe des 10. bis 11. Jahrhunderts durch das dem Griechischen ähnliche kyrillische ersetzt. Es ist – unter Peter dem Großen reformiert – immer noch in einigen slawischen Sprachen in Gebrauch. Während die Slowaken seit dem 10. Jahrhundert andere Wege gingen bzw. gehen mußten, benutzten einige slawische Völker, darunter die Russen, Ukrainer, Serben und Bulgaren, das Altkirchenslawische auch weiterhin. Es war einer ständigen Weiterentwicklung durch die jeweiligen Landessprachen ausgesetzt. So entwickelte sich aus dem Altkirchenslawischen allmählich das Kirchenslawische, das zur Kultsprache der orthodoxen Slawen wurde. Erst im 18. und 19. Jahrhundert begannen diese slawischen Völker sich von den kirchenslawischen Elementen freizumachen und ihre eigenen Literatursprachen zu kodifizieren.

Latein als Schriftsprache in der slowakischen Provinz „Oberungarn"

Auf dem Gebiet der heutigen Slowakei jedoch brach die altkirchenslawische Linie nach den vielversprechenden Anfängen bald wieder ab: Bereits 885 – nur 22 Jahre nach der Schaffung der neuen slawischen Schriftsprache – gab Papst Stephan V. das Verbot der slawischen Liturgie bekannt. Danach wurden die Priester verfolgt, die sich von ihr nicht lossagen wollten. Das päpstliche Verbot hatte zunächst zwar noch nicht die endgültige Eliminierung des Altkirchenslawischen im Großmährischen Reich zur Folge, die entscheidende Wende kam jedoch mit dem Niedergang des Reichs im Jahr 906 nach Angriffen der Ungarn, die das Pannonische Becken seit 896 besetzt hatten. Die Slowakei gehörte nach der Niederlage als Provinz *Horné Uhorsko* (ung. *Felvidék*, Oberungarn) bis 1918 zu Ungarn.

Die Brüder Kyrill (rechts) und Method – ein Gemälde des slowakischen Malers und Naturforschers Jozef Božetech Klemens (1817–1883)

Schon bald darauf öffnete der ungarische Fürst Géza (um 940/45–997) sein Land – die Slowakei inbegriffen – der Missionierung von Rom aus, und Latein wurde zur dominierenden Kirchen-, Amts- und Literatursprache. Diese Vormachtstellung auf offizieller Ebene konnte es bis Ende des 18. Jahrhunderts behaupten.

Die tschechische Schriftsprache in der Slowakei und das „Kulturslowakische“

Die slowakische Bevölkerung begann das Latein jedoch bereits im ausgehenden 14. Jahrhundert durch das ihr nähere Alttschechische zu ersetzen, das sich ab dem 13. Jahrhundert zur Schriftsprache formiert hatte. Im 15. Jahrhundert steigerte sich der Gebrauch des Tschechischen erheblich und weitete sich von der Westslowakei allmählich auf das gesamte slowakische Territorium aus. Auch administrative und rechtliche Texte wurden nun tschechisch geschrieben. Bis ins 18. Jahrhundert wiesen die meisten slowakischen Dokumente einen tschechischen Charakter auf.

Man begann jedoch schon im 15. Jahrhundert, in die tschechische Schriftsprache zunehmend slowakische Elemente (Slowakismen) aufzunehmen, so daß die meisten Texte mehr oder weniger tschechisch-slowakisch gemischt waren. Diese sprachliche Formation wird als das „Kulturslowakische“ *(kultúrna slovenčina)* bezeichnet. Der Vermischungsgrad des Tschechischen und Slowakischen variierte stark und oszillierte zwischen einem kaum slowakisierten Tschechisch und einem fast reinen Slowakisch.

Durch die konfessionelle Spaltung der Slowaken nach der Reformation im 16. Jahrhundert entstanden zwei in ihrem Vermischungsgrad unterschiedliche Ausprägungen des Kulturslowakischen. Die lutherischen Slowaken hielten zunächst mehr am Tschechischen fest. Sie hatten das „Bibeltschechisch“ *(bibličtina)* der von den böhmisch-mährischen Brüdern übersetzten „Kralitzer Bibel“ *(Bible kralická,* 1579–1593) zu ihrer Kirchen- und Schriftsprache gewählt. Sie versahen diese Sprache zwar ebenfalls mit slowakischen Elementen, deutlich weiter gingen jedoch die katholischen Geistlichen, die in das in ihren Predigten verwendete Tschechische wesentlich intensiver Elemente slowakischer Lokaldialekte einbrachten. Diese starke Slowakisierung machte sich besonders in der katholischen Literatur aus Trnava („Jesuitenslowakisch“) bemerkbar. In dieser Sprache wurde auch die erste „slowakische“ Bibelübersetzung *Swaté Biblia Slowénské aneb Pjsma Swatébo částka I., II.,* die um 1750 vollendet war, verfaßt.

Dafür daß es den Slowaken schließlich dennoch gelang, sich von der tschechischen Schriftsprache weitgehend zu befreien und eine eigene Schriftsprache und damit die Grundlage für ihr

Selbstverständnis als Nation zu schaffen, waren verschiedene Prozesse notwendig. Ihr Zusammenwirken sowie die Zeichen der Zeit – bei den meisten slawischen Völkern setzte Ende des 18. Jahrhunderts die „nationale Wiedergeburt" ein – haben diese Entwicklung gefördert, ja erst möglich gemacht.

Anfänge einer slowakischen Schriftsprache

Einen wichtigen Beitrag dazu leisteten die Regenten des Hauses Habsburg, Maria Theresia (Königin seit 1740) und ihr Sohn Joseph II. (Kaiser seit 1765), indem sie neben der Bevorzugung des Deutschen als Amtssprache auf niederen Ebenen auch die Pflege der jeweiligen Muttersprache in ihren Ländern zuließen und das Bildungswesen entscheidend reformierten.

Den geistigen Boden für eine slowakische Schriftsprache bereiteten einige patriotisch gesinnte Schriftsteller, die sich mit der Vergangenheit des eigenen Volkes auseinandersetzten. Sie stellten in ihren Werken der von den ungarischen Historikern vertretenen These von der Zugehörigkeit der Slowaken zur *Natio Hungarica*, mit der ihnen die politische Gleichberechtigung streitig gemacht wurde, die These von der Autochthonie der Slowaken entge-

Jozef Ignác Bajza und der erste slowakische Roman

Bajzas zweibändiger 1783/85 erschienener Reise- und Sittenroman *René mlád'enca príhody a skusenosti* (Die Abenteuer und Erfahrungen des jungen René) ist der erste Roman der slowakischen Literatur. Bajza stützte sich im wesentlichen auf die westslowakische Kultur- und Umgangssprache. Sein Konzept wurde jedoch nicht angenommen: Er stieß durch seinen germanisierenden Stil sowie bei den Katholiken durch seine Weltaufgeschlossenheit auf heftigen Widerspruch.

Sein großes Verdienst besteht jedoch darin, daß er sich nicht damit begnügte, klassische fremdsprachige Literatur ins Slowakische zu übertragen, sondern die Grundlage für eine eigene slowakische Literatur legen wollte. Für ihn waren die Slowaken eine eigenständige Nation und keine „Austro-Bohemi" wie die Tschechen, sondern „Slavi ex Hungaria" *(Uhro-Slováci)*. Er war der Ansicht, ihre Sprache sei nur deshalb zu einer Bauernsprache herabgesunken, weil sie sich fremder Sprachen für ihr geistiges Schaffen bedient hätten.

gen. Dabei traten besonders die drei Historiker Matej Bel (1684–1749), Juraj Papánek (1738–1802) und Peter Revay (1568–1622) hervor. Als Folge dieser Auseinandersetzung mit der slowakischen Sprache und Geschichte wurde der nächste Schritt zur Nationbildung unternommen: die Schaffung einer slowakischen Schriftsprache. Zu ihrem Gelingen waren allerdings drei Anläufe notwendig.

Da war zunächst das Unternehmen des katholischen Pfarrers Jozef Ignác Bajza (1754–1836), der seine populären Bücher in einem stark slowakisierten Tschechisch schrieb.

Den nächsten – wesentlich systematischer angelegten – Versuch, eine slowakische Schriftsprache zu schaffen, unternahm nur wenig später ein weiterer katholischer Priester: Anton Bernolák. Seinem Beitrag zur slowakischen Erneuerung gab vor allem das Priesterseminar in Bratislava entscheidende Impulse. Dort waren mit dem Slowakischen, Ungarischen und Deutschen alle drei landesüblichen Sprachen der Slowakei als Unterrichtssprachen vertreten. In den praktischen Übungen zur Pastoraltheologie bedienten sich die Schüler ihrer Muttersprache. Es bildeten sich drei Sprachzirkel, wobei aus dem slowakischen Zweig die Bernolák-Bewegung hervorging.

Bernolák legte seiner Konzeption der slowakischen Sprache in seinen lateinisch verfaßten Werken *Dissertatio philologico-critica de literis Slavorum* (Bratislava 1787), *Grammatica slavica* (Bratislava 1790) und *Etymologia vocum slavicarum* (Trnava 1791) den dem Tschechischen nahestehenden westslowakischen Dialekt zugrunde. Sein Hauptwerk ist das fünfbändige Wörterbuch der slowakischen Sprache, in dem zum ersten Mal der Versuch unternommen wurde, die slowakische Sprache zu kodifizieren. Das Wörterbuch konnte 1825 bis 1827 in Buda Dank der Unterstützung von Alexander Rudnay (1760–1831) und Jur Palkovič (1763–1835) gedruckt werden. Es ist viersprachig: slowakisch, ungarisch, deutsch und lateinisch.

Bernoláks Programm prägte der josephinische Gedanke von der Notwendigkeit der Volksbildung. Dabei ging es ihm jedoch vorwiegend um ein konfessionelles und nicht um ein nationales Prinzip. Seine wissenschaftlichen Arbeiten dienten dem Ziel, die Stellung der katholischen Kirche in der Slowakei zu festigen. Er strebte eine allen Slowaken verständliche Schriftsprache an, die

Anton Bernolák (1762–1813)

Bernolák wurde im Orava-Gebiet im Nordwesten der Slowakei geboren. Erzogen wurde er im Piaristen-Gymnasium in Ružomberok, dann studierte er Philosophie und Theologie in Trnava und ging später an das Priesterseminar in Bratislava. Seit 1791 verwaltete Bernolák das Amt eines erzbischöflichen Vikars in Trnava und wurde schließlich Kanzler des Erzbischofs. Im Alter amtierte er als Dekan in der südslowakischen Stadt Nové Zámky.

man in der kirchlichen Praxis nutzen konnte. Seine Kodifikation der slowakischen Schriftsprache sollte, wie aus dem Vorwort seiner „Etymologie" hervorgeht, auch eine Bibelübersetzung ermöglichen. Die Sprache der Protestanten, die ihren Wortschatz aus der tschechischen Bibelsprache schöpften, lehnte er hierfür ab. Sein Anliegen wurde schließlich durch Jur Palkovičs Bibelübersetzung in zwei Bänden (1829 und 1832) verwirklicht. Daß Bernoláks Slowakisch die Anforderungen einer Literatursprache erfüllte, zeigte das in ihr verfaßte literarische Werk des Geistlichen Ján Hollý (1785–1849), dessen Verse 1825 erschienen.

Bernoláks Modell fand vor allem bei der katholischen Geistlichkeit Anklang und wurde von ihr ein halbes Jahrhundert lang genutzt. Bei der protestantischen Intelligenz stieß Bernolák allerdings auf harten Widerstand, obwohl sein Werk ganz vom rationalistischen Geist der Aufklärung geprägt und obwohl die Westslowakei im 17. und 18. Jahrhundert politisch, wirtschaftlich und kulturell ein wichtiges Zentrum Ungarns war. Sein Versuch setzte sich langfristig nicht durch. Außer dem konfessionellen Dissens spielten weitere Faktoren wie die Verlegung der Universität Trnava im Jahre 1777 in die ungarische Hauptstadt Buda und die des Erzbistums 1822 ins befreite Esztergom (Gran) eine Rolle.

Für die slowakische nationale Wiedergeburt muß es geradezu als tragisch bezeichnet werden, daß die slowakische Intelligenz bis in die 40er Jahre in ein protestantisches und ein katholisches Lager gespalten war. Dies verhinderte für lange Zeit ein einheitliches Auftreten des slowakischen Volkes.

Der Austroslawismus

Der Begriff bezeichnet eine politische Bewegung der slawischen Völker in der Habsburgermonarchie des 19. Jahrhunderts. Ziel der Bewegung war es, das Kaiserreich in einen Bund von gleichberechtigten Völkern umzuwandeln. Viele slowakische Protestanten hatten sich bis zum Toleranzpatent volkstumsmäßig als Teil des tschechischen Volkes verstanden, und ihr Eintreten für den Austroslawismus beruhte vor allem auf der Erkenntnis, die Slowaken seien als kleines Volk auf das Zusammenwirken mit anderen Völkern angewiesen. Daher setzten sie sich auch für eine sprachliche Gemeinschaft von Tschechen und Slowaken ein und strebten nicht die Schaffung einer eigenen Schriftsprache an, sondern hielten weiterhin an der Sprache der Kralitzer Bibel fest. Die slowakischen Hauptvertreter waren Ján Kollár (1793–1852, Vertreter des kulturellen Panslawismus), Pavol Jozef Šafárik (1795–1861) und Juraj Palkovič (1769–1850). Letzterer leitete mit großem Einsatz das von 1803 bis 1837 bestehende Institut für die tschecho-slowakische Sprache und Literatur. Der Austroslawismus manifestierte sich 1848 auf dem Prager Slawenkongreß als politische Kraft, setzte sich jedoch nicht durch: Im österreichisch-ungarischen Ausgleich 1867 wurden die Slawen gegenüber den Ungarn benachteiligt.

L'udovít Štúr und seine Kodifizierung des Slowakischen

Etwa 20 Jahre später wurde ein weiterer, diesmal von protestantischer Seite ausgehender Anlauf zu Schaffung einer slowakischen Schriftsprache unternommen. Eine wichtige Grundlage für das Engagement von Protestanten hatte das vom österreichischen Kaiser Joseph II. 1781 erlassene Toleranzpatent geschaffen. Es erlaubte den Lutheranern, Calvinisten und Orthodoxen erstmals freie Religionsausübung und gewährte ihnen bürgerliche Rechte.

Es war die junge Generation um den Schriftsteller und Philologen L'udovít Štúr, der es gelang, der nationalen Bewegung der Slowaken die entscheidende Wende zu geben.

L'udovít Štúr verstand es, die junge Generation für die Ideale des Volkstums zu begeistern. Er regte sie – vom Geist der deutschen Romantik ergriffen – zur kulturellen Arbeit an und wies seinen Landsleuten als Theoretiker, Organisator und politischer Führer den Weg in die kulturelle und politische Zukunft.

An der Kodifizierung der slowakischen Sprache arbeitete Štúr vor allem in den Jahren 1843 bis 1845. Er hielt die Tatra für die Wiege des gesamten Slawentums und den dort gesprochenen Dialekt des Slowakischen für den schönsten und legte seiner Kodifizierung daher den mittelslowakischen Dialekt um die Stadt Martin zugrunde. Dabei wurde er von Johann Gottfried Herder beeinflußt, dessen Hinweis auf die Volksdichtung weit über die Grenzen Deutschlands besonders bei den slawischen Völkern breite Aufnahme fand. Hilfsmittel bei der Schaffung der Schriftsprache bildete oft auch Lehngut aus anderen slawischen Sprachen.

Štúrs Konzeption der slowakischen Schriftsprache wurde in dem 1846 erschienenen Buch *Náuka reči slovenskej* (Die Lehre von der slowakischen Sprache) erstmals vorgestellt. 1852 wurde ihre endgültige Kodifizierung nach einem Kompromiß zwischen Katholiken und Protestanten von Martin Hattala unter dem Titel *Krátka mluvnica slovenská* (Kurze slowakische Grammatik) festgeschrieben und gilt mit geringfügigen Änderungen bis heute. Die nationale Bedeutung Štúrs für die Slowaken ist heute noch oder gerade heute überall offensichtlich: Sein Denkmal steht in vielen Städten, nach ihm benannt sind das Institut für Sprachwissenschaft in Bratislava, zahlreiche Straßen und seit 1948 der südslowakische Ort Štúrovo. Zudem ist sein Bildnis auf dem 1000-Kronen-Schein abgedruckt.

Ľudovít Štur (1815–1856)

L'udovít Štúr (1815–1856)

L'udovít Štúr wurde 1815 als Sohn eines protestantischen Pfarrers in dem westslowakischen, etwa 100 km nordöstlich von Bratislava gelegenen Ort Uhrovec geboren. Er besuchte das Gymnasium in Györ (Ráb). Dort wurde er mit den für die tschechische nationale Wiedergeburt grundlegenden Werken von Šafárik, Dobrovský und Kollár bekannt, die ihm Nationalbewußtsein und Hoffnungen auf eine große Zukunft der slawischen Völker vermittelten. Štúr nahm seine Studien 1829 (bis 1836) am evangelischen Lyzeum in Bratislava auf. Hier arbeitete er als Vertreter der Kollárschen Idee der slawischen Wechselseitigkeit und völkischen Einheit der Tschechen und Slowaken aktiv in der 1803 gegründeten studentischen Tschechoslowakischen Gesellschaft mit, bis sie 1837 verboten wurde, danach am Slawischen Institut unter Prof. Juraj Palkovič. Nach der Fortsetzung des Studiums 1838 bis 1840 in Halle widmete er sich der Wissenschaft, und nun ganz besonders dem Slowakischen. Darüber hinaus war er 1845 bis 1848 Redakteur und Herausgeber der „Slowakischen Volkszeitung" in Bratislava, die in ihrer Literaturbeilage *Orol tatránski* (Adler der Tatra) wichtige Werke in der neu geschaffenen Literatursprache veröffentlichte. Štúr nahm mit politisch radikalen Forderungen zur Selbständigkeit des Slowakischen sowohl gegenüber dem tschechischen Volk als auch gegenüber den Ungarn an der Revolution von 1848 und auch an dem Slawenkongreß in Prag teil. In dieser Phase seines Wirkens ging er deutlich über die austroslawischen Forderungen vieler seiner Zeitgenossen hinaus. Nach dem Scheitern seiner Forderungen sowie der steckbrieflichen Verfolgung seiner Mitarbeiter stellte Štúr seine politischen Aktivitäten ein und lebte seit 1851 unter polizeilicher Beobachtung in Modra. Er starb bei einem Jagdunfall.

Trotz der erfolgreichen Einigung der slowakischen Katholiken und Protestanten auf eine Formation der Schriftsprache erreichte kurz darauf der konservativ denkende slowakische protestantische Geistliche und Dichter Ján Kollár, damals Professor an der Wiener Universität, daß die neoabsolutistische Regierung unter Bach dennoch das sog. Altslowakische *(staroslovenčina)*, ein Tschechisch mit slowakischen Elementen, als Schriftsprache für die Slowaken festlegte und nicht das neu kodifizierte Slowakische. Sein Gebrauch in den Schulen und im öffentlichen Leben blieb bis zum Fall der absolutistischen Regierung 1859 vorgeschrieben. Danach erst begannen die Schriftsteller wieder vom

Slowakischen, wie es in der „Kurzen slowakischen Grammatik“ festgeschrieben war, Gebrauch zu machen. Insgesamt aber herrschte Mitte des 19. Jahrhunderts im literarischen Leben der Slowaken noch ein ziemliches Durcheinander. Viele konservative Protestanten schrieben noch im slowakisierten Bibeltschechisch, die Altslowakisten, die Bernolákisten und Štúristen wieder je nach der Kodifizierung ihres Vorbildes.

Da die zum Teil noch vor der Revolution von 1848 und erneut im „Memorandum“ von 1861 erhobenen Forderungen nach nationalpolitischer Anerkennung nicht den gewünschten Erfolg brachten, konzentrierte man sich in den 60er Jahren auf das Bildungswesen. Eigene Gymnasien wurden gegründet, und auch das Pressewesen wurde ausgebaut. Besonders wichtig war die Gründung der Matica slovenská im Jahr 1863 als zentralem Kulturverein zum Schutz und zur Pflege der slowakischen Kultur und Identität. Die Matica slovenská besteht noch heute und hat ihren Sitz in der mittelslowakischen Stadt Martin. Einen schweren Rückschlag erfuhren diese Anstrengungen der Slowaken in den 70er Jahren nach dem österreichisch-ungarischen Ausgleich (vgl. S. 103 ff.).

Abgrenzung vom fiktiven Tschechoslowakisch

Nach der Gründung der ČSR im Jahre 1918 wurde das Slowakische offiziell in den Volks- und Mittelschulen und z. T. auch in den Gymnasien sowie in der Administration eingeführt. Die Städtenamen erhielten ihre slowakische Form, und in Bratislava wurde die Comenius-Universität gegründet.

Ein wirklich positiver Aufschwung des Slowakischen hätte jedoch anderer historischer Voraussetzungen bedurft. Die Gebildeten, Lehrer inbegriffen, sprachen zwar ein gutes Ungarisch, dafür aber ein schlechtes Slowakisch. Die meisten von ihnen sprachen auch kein Standardslowakisch, sondern hielten an ihrem eigenen Dialekt fest. Die vielen Dialektismen und Bohemismen machten das sprachliche Chaos perfekt. Da bis zu dieser Zeit zudem der Funktionsbereich des Slowakischen nicht groß gewesen war, stellte auch die neue soziale Funktion des Slowakischen die verhältnismäßig junge Schriftsprache vor kaum lösbare Aufgaben.

Samuel Czambel (1856–1909) bemühte sich, die slowakische Schriftsprache zu vereinheitlichen, und fixierte den sogenannten Martin-Usus in der 1902 erschienenen Schrift *Rukovät' spisovnej reči slovenskej* (Handbuch der slowakischen Schriftsprache). Sie wurde zur Grundlage der Sprachpraxis in den 20er Jahren dieses Jahrhunderts.

Aufgrund der schwierigen Ausgangslage im neuen tschechoslowakischen Staat war natürlich zunächst Hilfe aus den Tschechischen Ländern erforderlich. Es kamen Lehrer aus Böhmen und Mähren in die Slowakei, die meisten von ihnen sprachen jedoch nur Tschechisch. Damit stellte sich ein neues Problem ein: der Tschechisierungsdruck. Immer mehr begann man von der sogenannten „Tschechoslowakischen Sprache" zu sprechen. Der Kern dieser Ideologie bestand darin, daß das Slowakische nach der Auffassung von tschechischen Sprachwissenschaftlern mit dem Tschechischen eine sprachliche Einheit, eben die tschechoslowakische Sprache, bildete. Es hieß, das Slowakische sei letztendlich nur ein Dialekt des Tschechischen bzw. des Tschechoslowakischen, und die beiden Sprachen wurden für weitgehend identisch erklärt.

Zu jener Zeit rief diese Einstellung bei den Slowaken als Gegenreaktion puristische Tendenzen hervor. Vor allem die Herausgabe der puristischen *Pravidlá slovenského pravopisu* (Regeln der slowakischen Rechtschreibung, 1931) sollte das Slowakische vom Tschechischen trennen. Die „Regeln" trugen trotz vieler Mängel zur Stabilisierung der bis dahin instabilen Schriftnorm bei. 1932 wurde die Zeitschrift *Slovenská reč* gegründet, die bis heute erscheint. Die von ihr gestellten sprachlichen Forderungen gelangten jedoch nur teilweise in die Sprachpraxis, am ehesten in den Veröffentlichungen der Matica slovenská, die sich an die Regeln von Czambel hielten. Ihre heute gültige Kodifizierung wurde 1959 im *Slovník slovenského jazyka* (Wörterbuch der slowakischen Sprache) vollzogen.

Im gegenwärtigen Slowakischen beeinflussen sich die offizielle Literatursprache und die Dialekte gegenseitig. Der Sprachgebrauch ist wesentlich durchlässiger als früher geworden. Großzügig ist man vor allem bei der Aufnahme der zahlreichen englischen Fremdwörter, die aus dem technischen und wirtschaftlichen und zunehmend auch aus dem Computerbereich kommen, so z.B. *surfovat' v browseri* (im Browser surfen), *kompatibilný s Windowsom* (Windows-kompatibel), *softvér* (software), *hardvér* (hardware) u.a. Beim Wort ‚Computer' allerdings hält man sich – ähnlich wie im Tschechischen – an den eigenen Ausdruck *počítač* (Rechner, von *počítat'* – rechnen).

Die slowakische Literatur

Das 19. Jahrhundert

Im Kampf um die nationale Identität eines Volkes spielt neben der Sprache auch die Literatur eine wichtige Rolle. Bis in die 40er Jahre des 19. Jahrhunderts gehörten zur Nationalliteratur der Slowaken allerdings ausschließlich lateinisch, deutsch, im Bibeltschechischen oder in einer der tschechisch-slowakischen Mischvarianten verfaßte Werke. Unter den lateinisch geschriebenen ist beispielsweise die staatspolitische Themen behandelnde Literatur des 16. Jahrhunderts der Schriftsteller Martin Rakovský, Jacobius Monavius, Caspar Cundradus und Balthasar Exner hervorzuheben.

Der erste rein slowakisch schreibende Dichter war der Priester Ján Hollý (1784–1849), der nicht nur klassische lateinische Werke wie die „Aeneis" *(Eneida,* 1828) übersetzte, sondern in der Sprache Bernoláks auch eigene Werke verfaßte. So schuf er nach Vergils Vorbild seine die slawische Vorzeit, das Großmährische Reich (*Svatopluk*, 1833) und die Slawenapostel (*Cirillo-Metodiada,* 1835) verherrlichenden Epen.

Die Štúr-Generation, die Vertreter der slowakischen Romantik, beherrschten die literarische Szene bis zum Anfang der 70er Jahre. Zu ihnen gehören Samo Chalupka (1812–1883), Janko Kráľ (1822–1876) und Ján Botto (1829–1881), der in seinem Hauptwerk, „Jánošíks Tod" (*Smrt' Jánošíková,* 1862), – sinnbildlich für das nationale Schicksal und die nationalen Zukunftshoffnungen – die Überlieferung vom edlen Räuber und Volksrächer Jánošík verarbeitete. Der bedeutendste Dichter der Štúr-Generation war Andrej Sládkovič (1820–1872), dem in seinen lyrisch-epischen (*Marína,* 1846) und epischen Dichtungen (*Detvan,* 1853) die Synthese des Volkstümlichen mit der persönlichen

Erlebnissphäre gelang. Er erhob die Volksdichtung zur Kunstdichtung und bezeichnete den Beginn der modernen slowakischen Literatur.

Mit dem Auftreten einer neuen Generation zu Beginn der 70er Jahre gelang die Einführung des syllabo-tonischen Verses und der Durchbruch der realistischen Prosa. Mit der nun aufgenommenen sozialen Thematik – auch unter dem Einfluß russischer und westeuropäischer Vorbilder – wurde der Anschluß an den Realismus gefunden. Bedeutende Schriftsteller dieser Periode, die bis in die 90er Jahre andauerte, sind Svetozár M. Hurban-Vajanský (1847–1916), Martin Kukučín (1860–1928) sowie erstmals auch weibliche Autoren wie Elena Maróthy-Šoltésová (1855–1939), Terézia Vansová (1857–1942) und Timrava (Pseudonym für Božena Slančíková, 1867–1951), die sich der Emanzipationsthematik annahmen.

Den Höhepunkt der slowakischen Dichtung des 19. Jahrhunderts bildeten die großen, meist thematisch gebundenen Gedicht-

Hviezdoslav (1849–1921)

Der wohl größte slowakische Dichter – eigentlich Pavol Országh – wurde in Vyšný Kubín in der nördlichen Mittelslowakei geboren. Auf dem Gymnasium wurde er mit dem Werk der ungarischen Schriftsteller Petőfi und Arany bekannt. Er schrieb zunächst ungarisch, dann deutsch, wandte sich alsbald jedoch dem Slowakischen zu. 1872 wurde er nach Absolvierung der Juristischen Akademie Rechtsanwaltsgehilfe in Dolný Kubín und war danach im juristischen Bereich an verschiedenen Orten tätig. Hviezdoslav war literarisch und publizistisch sehr produktiv und erfolgreich. Sein umfangreiches Werk besteht aus Übersetzungen (Goethe, Schiller, Shakespeare u.a.), Lyrik, realistischen Dramen und Versepen. Persönliches und nationales Schicksal, die Liebe zu Volk und Menschheit verbanden sich darin zu einem neuen Zusammenklang. Trotz gewisser idealisierender Tendenzen gestaltete er das Volksleben, unter Verzicht auf die früher üblichen romantischen Mittel, in einem ausgeglichenen poetischen Realismus. Sein Rang in der slowakischen Literatur spiegelt sich in der Benennung zahlreicher öffentlicher Plätze mit seinem Namen sowie in seinem Denkmal auf dem ebenfalls nach ihm benannten Boulevard *Hviezdoslavovo námestie*. Nur wenige Teile seines Werks sind bisher ins Deutsche übersetzt.

zyklen von (Pavol Orságh) Hviezdoslav (1849–1921), einem Meister der Natur- und Gedankenlyrik und Schöpfer einer an neuen Nuancen reichen Dichtersprache, die sowohl in seine Übersetzungen großer Werke der Weltliteratur als auch in die Standardsprache einfloß.

In den 90er Jahren entstand die slowakische Moderne, die westeuropäische und russische symbolistische Elemente aufnahm. Vor allem die Lyriker Ivan Krasko (1876–1958) und Janko Jesenský (1874–1945) stellten in ihren Werken ein modernes Lebensgefühl der individuellen Vereinsamung und Existenzbedrohung dar.

Das 20. Jahrhundert

Mit dem Entstehen der Tschechoslowakischen Republik 1918 wurde die Entfaltung der slowakischen Kultur und damit auch der Literatur gefördert. Gymnasien und Universitäten wurden ausgebaut, das Nationaltheater in Bratislava gegründet und die Kulturinstitution Matica slovenská erneuert. Die traditionsreiche, 1881 gegründete Zeitschrift *Slovenské pohľady* (Slowakische Ansichten) erschien wieder, und es entstanden auch neue literarische Zeitschriften. Zwischen 1918 und 1945 gewann die slowakische Literatur an Vielfalt und innerer Differenzierung, sie war aus der Isolation herausgetreten und hatte die Last des Kampfes für die nationale Sache abgeschüttelt.

Im ersten Nachkriegsjahrzehnt wirkten mehrere literarische Generationen und Richtungen nebeneinander. So schrieben die Vertreter des literarischen Realismus Kukučín und Timrava weiter, und einige Autoren wie Alexander Imrich Pockody (1906) und Milo Urban (1904–1982) nahmen in die realistische Tradition des Bauernromans impressionistische und expressionistische Elemente auf.

Anfang der 20er Jahre traten Prosaautoren auch mit der Kriegsthematik auf, unter ihnen Ján Hrušovský (1892–1975), Gejza Vámoš (1901–1956) und Janko Alexy (1894–1970). Ideell bestimmend für ihre Werke war der Expressionismus – jedoch nicht als ausgeprägte Kunstauffassung, sondern mehr als latente Stimmung in einer aus den Fugen geratenen Welt. Überzeugend erscheinen diese Tendenzen besonders im Schaffen von Milo Urban und Jozef Cíger-Hronský (1896–1962). Ersteren interessierte das

Kriegsschicksal des slowakischen Dorfes und die Reaktion der Menschen auf die Nachkriegsverhältnisse. In seinem von deutschen Faschisten später öffentlich verbrannten zweiteiligen Roman *Živý bič* (Die lebende Peitsche, 1927) schildert M. Urban, wie sich den Bauern des slowakischen Gebirgsdorfes Ráztoky im Gebiet Orava nach und nach das wahre Bild des Kriegs enthüllt. Sein Held, Adam Hlavaj, ist nach der Art der slowakischen Sagengestalt Jánošík ein vogelfreier Rebell, der den Umdenkungsprozeß der Bergbauern vorantreibt. Seine Abenteuerlust, sein Durst nach Rache an dem Notar, der seine Frau in den Tod und das ganze Dorf ins Unglück trieb, werden zum dynamischen Moment der Handlung, die in einer anarchistischen Rebellion gipfelt. Am Ende steht Adam als lachender Sieger da.

Auf die slowakische Literatur wirkten nun neben Einflüssen des tschechischen Poetismus und des Proletkults auch der Dadaismus, Futurismus und Surrealismus ein. Unter diesen Einflüssen entstand 1924 die links orientierte Literatengruppe der Davisten, genannt nach ihrem Publikationsorgan *DAV* (Masse, 1924–37). Diese verschrieben sich der sog. proletarischen Poesie, die zwischen Modernismus und Agitation oszillierte. Zu ihren wichtigsten Autoren zählen Ján Poničan (1902–1978) und Ladislav (Laco) Novomeský (1904–1976).

Mitte der 30er Jahre entwickelten sich in der Lyrik der Surrealismus und die Katholische Moderne. Die von den französischen Surrealisten und dem tschechischen Poetisten Vítězslav Nezval inspirierte Gruppe der Surrealisten Rudolf Fabry (1915–1982), Vladimír Reisel (geb. 1919), Štefan Žary (geb. 1918) und Ján Rak (1915–1969) war in der zweiten Hälfte der 30er und in den 40er Jahren aktiv. Die Katholische Moderne, vertreten durch Rudolf Dilong (1905–1984), Janko Silan (1914–1984), Pavol Gašparovič-Hlbina (geb. 1908) und andere, die zumeist Priester waren, ließ sich von Henri Bremonds Gedanken über die Zusammenhänge von dichterischer und mystischer Erfahrung sowie von den Werken der französischen und tschechischen katholischen Dichter anregen. Im Zentrum ihres Schaffens stand der Gegensatz zwischen Spiritualität und Weltlichkeit.

Die Prosa brachte mit ihren lyrisierenden Tendenzen den slowakischen Naturismus hervor. Im Rückgriff auf archaische Formen wie Volksmärchen, Ballade und biblische Geschichten wurden Liebe, Freundschaft, Treue und Verständnis als dauerhafte Werte thematisiert. Die wichtigsten Autoren dieser Richtung waren Dobroslav Chrobák (1907–1951), Margita Figuli (1909–1995) sowie František Švantner (1912–1950).

Als Reaktion auf den ornamentalen Stil und die pathetische Expressivität des Naturismus formierte sich in den 40er Jahren die Gruppe der sogenannten Dichter des Sujets. Dominik Tatarka (1913–1989), Ján Červeň (1919–1942) und Peter Karvaš (geb. 1920) wollten die Prosa weniger sprachlich als vielmehr durch die Struktur des Sujets verdichten und das intellektuelle Moment verstärken.

Wie für alle Literaturen der Länder des ehemaligen Ostblocks wurde nach 1945 auch für die slowakische das Dogma des sozialistischen Realismus bestimmend, so daß die Dichter der slowakischen Moderne ihr Talent nicht mehr zur Geltung bringen konnten.

In der Phase der Entstalinisierung konnten sich in den 1960er Jahren wieder modernistische Strömungen entwickeln. Erste Anzeichen des Tauwetters zeigten sich im Romandebüt *Sklený vrch*

Der sozialistische Realismus in der Slowakei

Nach 1948 sollten alle zum Aufbau einer sozialistischen Gesellschaft verfügbaren Kräfte zur „Nationalen Einheitsfront" zusammengeschweißt werden. Auf der Ersten Tagung zum Zusammenschluß der tschechischen und slowakischen Schriftsteller 1949 in Prag kündigte Novomeský „Die definitive Erfüllung der Literatur" – so der Titel seines Referats – an und verlangte von der „wirklichen" Kunst, Helferin des Sozialismus zu sein. Eine Reihe zweifellos begabter Schriftsteller teilte in jener Zeit die Hoffnung auf soziale Gerechtigkeit und echten Fortschritt in einem kommunistischen System. Es erschienen nun vor allem Werke mit Industrie- und Partisanenkampfthematik, ein wichtiger Autor war František Hečko (1905–1960). Dieser neue Realismus zeigte sich in dem von dokumentarischen Fakten und kommunistischer Weltsicht geprägten, später zur sozrealistischen Musterprosa erklärten Roman *Kronika* (Die Chronik, 1947) von Peter Jilemnický (1901–1949). Der literarische „Produktionsprozeß" wurde nun durch den Schriftstellerverband als verlängerten Arm der Partei kontrolliert und gesteuert. Alles was der „organischen" Entwicklung widerstrebte, galt als bourgeois oder formalistisch und wurde aus der Öffentlichkeit verbannt.

(Der gläserne Berg, 1954) von Alfonz Bednár (geb. 1914), das zwar noch Aufbauoptimismus verbreitete, aber nicht mehr idealisiertes Heldentum. Ernste Zweifel am naiven Fortschrittsglauben vieler Zeitgenossen äußerte der Dichter Milan Rúfus (geb. 1928) in seinem damals als Aufbruchssignal verstandenen ersten Gedichtband *Až dozrieme* (Bis wir reif werden, 1956).

Auch um die in Bratislava erscheinende literarische Wochenschrift *Mladá tvorba* (Junges Schaffen, 1956–1970) wuchs eine neue Generation von Dichtern und Prosaschriftstellern heran, die neugierig und undogmatisch die Oberfläche der Wirklichkeit durchstießen und die Befindlichkeit des modernen Menschen in seiner Ungeborgenheit und Bedrohtheit erforschten. Eine besondere Stellung nimmt dabei das Werk des Dichters Miroslav Válek (1926–1991) ein.

Mitte der 60er Jahre debütierten weitere bemerkenswerte Prosaiker, die hauptsächlich in Novellen, Erzählungen und Kurzgeschichten ihren Blick gezielt auf das Individuum und die typische Einzelerscheinung richteten.

In den 60er Jahren erschien auch bisher aus ideologischen Gründen verbotene Literatur, so z. B. František Švantners bereits 1945 in Zeitschriften erschienene existentialistisch konzipierte Novellen *Dáma* (Die Dame) und *Kňaz* (Der Priester), und beeinflußte das Schaffen der jungen Generation.

Ladislav Mňačko (geb. 1919)

Der Journalist, Dramatiker und Romanschriftsteller, der ursprünglich Arbeiter war, gehört zweifellos zu den interessantesten Gestalten des slowakischen literarischen Lebens der Nachkriegszeit. Seinen ersten großen literarischen Erfolg erlangte er mit dem Roman über die deutsche Besatzung *Smrt' sa volá Engelchen* (Der Tod heißt Engelchen, 1959), der auch verfilmt wurde. 1967 stellte er sich jedoch kompromißlos gegen die Unterstützung der arabischen Politik gegen Israel, woraufhin ihm die tschechoslowakische Staatsbürgerschaft entzogen wurde und er im Ausland bleiben mußte. Er lebte in Israel, Italien und Österreich. Im Ausland gab er eine ganze Reihe von Büchern heraus, wie z. B. *Ako chutí moc* (Wie die Macht schmeckt), eine Abrechnung mit dem Stalinismus, und schrieb auch Fernsehspiele. Sein Werk ist teilweise ins Deutsche und in weitere Sprachen übersetzt.

Dominik Tatarka – Symbol des Widerstands

Die traumatische Erfahrung von staatlicher Bespitzelung, umfassender Diskriminierung und täglichem Kampf gegen die Jahrzehnte dauernde Zermürbung beschrieb Dominik Tatarka (1913–1989), das slowakische Symbol unerschütterlichen Widerstandes gegen das Unrechtssystem, in seiner (nach 1968) im Untergrund und in tschechischen Exilverlagen erschienenen Prosa. Seine neueren, im Ausland verlegten Werke sind z.T. auch auf Deutsch erschienen, z.B. *Písačky* (Geschreibsel, 1979), *Sám proti noci* (Allein der Nacht entgegen, 1984), *Listy do večnosti* (Briefe in die Ewigkeit, 1988).
Die Wurzeln von Tatarkas Prosaschaffen liegen im Surrealismus, den er als Student an der Sorbonne kennengelernt hat. 1944 erschien sein surrealistischer Roman *Panna zázračnica* (Die Zauberjungfrau). In der *Farská republika* (Pfaffenrepublik, 1948) richtete er sich gegen das klerikalfaschistische Regime in der Ersten Slowakischen Republik. Nach 1945 begrüßte er zunächst die Entwicklung der „fortschrittlichen" sozialistischen Literatur, zeigte jedoch bald deutliche Skepsis gegenüber dem Sozialismus. Seine Erzählung *Démon súhlasu* (Dämon der Zustimmung, 1963) stellt – als Spaß verkleidet – die bitterernste Abrechnung mit dem „afrikanischen" (d.h. stalinistischen) Personenkult dar. Tatarka wurde zu einem der bekanntesten literarischen Dissidenten der Slowakei.

Nach dem Einmarsch der Warschauer-Pakt-Truppen im August 1968 wurden die Hoffnungen auf einen „Sozialismus mit menschlichem Antlitz" zerstört. In dem Maße, wie sich in der Zeit der sog. Normalisierung das totalitäre kommunistische System wieder etablierte, wurde auch das kulturelle Leben abgewürgt. Die jungen modernistischen Strömungen wurden erneut durch Publikationsverbote unterdrückt. Autoren, die sich der neuen Marschrichtung verweigerten, wurden aus dem seit der Föderalisierung der ČSSR (1969) selbständig agierenden slowakischen Schriftstellerverband ausgeschlossen und mit Publikationsverbot belegt, einige wenige wie Ladislav Mňačko gingen ins Exil. Andere wieder publizierten später ihre Werke im Selbstverlag oder im Ausland.

Mit dem Verbot der kritischen Wochenschrift *Kultúrny život,* die sich vehement für den Reformprozeß eingesetzt hatte, und der Einstellung der Literaturzeitschrift *Mladá tvorba* sowie durch die per Redaktionswechsel erreichte Gleichschaltung der Zeitschriften *Slovenské pohl'ady* und *Romboid* (1963 gegründet) hatten die kritischen und offenen Geister ihre öffentliche Plattform verloren. Die Schriftsteller der mittleren und jüngeren Generation schwiegen unter dem zunehmenden Anpassungsdruck.

In den 70er Jahren kehrten nach einer leichten Lockerung nicht nur viele Autoren wieder in den Literaturbetrieb zurück, sondern es kam auch zu einer Blütezeit des slowakischen Romans. Sie wurde von der Novellensammlung *Južná pošta* (Südkurier, 1974) von Ladislav Ballek (geb. 1941) eingeleitet, und seine folgenden Romane sowie die von Vincent Šikula (geb. 1936) und Peter Jaroš (geb. 1940), die aktuelle Themen in historischer Verkleidung behandelten, setzten diese Entwicklung fort.

Die neue literarische Freiheit

Seit 1988 machte sich die liberale Perestrojka-Politik der Sowjetunion im slowakischen Kulturleben zunehmend bemerkbar. Vor allem die redaktionell erneuerte Zeitschrift *Slovenské pohl'ady* (Slowakische Ansichten) und der neugegründete *Literárny týždenník* (Literarische Wochenzeitung) brachten wieder Bewegung in die öffentliche Diskussion.

Für die jüngste slowakische Literatur, vertreten durch Namen wie Ivan Kolenič (geb. 1965), Tat'jana Lehenová (geb. 1961) und Ján Litvák (geb. 1965) waren der Rückzug ins Individuelle, der

Klára Jarunková (geb. 1922)

Eine der bekanntesten slowakischen Romanschriftstellerinnen im In- und Ausland ist Klára Jarunková. Ihr 1963 erschienenes viertes Buch *Jediná* (Die Einzige, dt. 1970) war besonders erfolgreich. In ihm fand die Autorin ihr Hauptthema: die Probleme der Heranwachsenden mit der Erwachsenenwelt. Die 14jährige Ich-Erzählerin des Romans, Ol'ga Polomcová, reagiert empfindsam auf die Beziehungen in der Familie, in der Schule und ihrer Umgebung und beurteilt sie aus dem Blickwinkel der kompromißlosen Jugend. Dies ist der erste slowakische Roman, der durchgehend im Slang verfaßt ist. Die Protagonistin erzählt im dynamischen und emotional-expressiven Slang der Studentenjugend Ende der 60er Jahre.

sich zeitweise bis zu Verweigerung und Zynismus steigert, und die Enttabuisierung des Intimen und des Erotischen (T. Lehenová) kennzeichnend.

Der Prozeß einer umfassenden Wahrnehmung und Neubewertung der slowakischen Literatur nach 1945 in dem nach der Wende nun deutlicher sichtbar werdenden Kontext ist bei weitem noch nicht abgeschlossen.

Seit der Einführung der Marktwirtschaft hat sich in der Slowakei – wie auch in den übrigen Staaten Ost- und Mitteleuropas – die Lage der Literatur und des Schriftstellers verändert. Besonders die Verlage sehen sich neuartigen wirtschaftlichen Schwierigkeiten gegenüber, ebenso die kulturellen Zeitschriften. Früher wurden Bücher hunderttausendfach verkauft, weil sie politisch brisant waren und nicht wegen ihrer literarischen Qualität. Heute erzielen belletristische Werke nur noch Auflagen von wenigen tausend Exemplaren. Hinzu kommt der Nachholbedarf an unterhaltsamer ausländischer Literatur und das dadurch gesunkene Interesse an der heimischen Literatur.

In Deutschland ist die slowakische Literatur leider noch fast unbekannt, wenige Werke sind bisher in deutscher Übersetzung erschienen.

Auch die slowakische Sprache wird an den deutschen Universitäten – im Gegensatz zum Tschechischen – bisher nur aus-

Slovak Literary Review
Revue der slowakischen Literatur

APRIL 1997 Published by The National Centre for Slovak Literature ISSN 1335-1958 Volume 2, Number 2

Do tretice všetko dobré – a phrase which might, in a sense, be rendered as "third time lucky" – is something we often say in our part of the world to usher into life and to welcome into the community of mankind everything that comes as the third in a row. For if that crucial third sees the light of day safe and sound, we may take the rest to be plain sailing. In the case of this third issue of SLR, the phrase can also be invoked as a magic formula, a symbolic toast to the success of the issue, particularly, and of the Slovak Literary Review as a whole. If the first two issues have met with your favour enough for you to reach for the third with, at least a small measure of anticipation, I might perhaps be forgiven for confiding in you my hope that their successor will, in turn, be no cause for disappointment. You may, I hope, respond to the unsettling memories of something that we are apt to refer to merely as "the horrors of war", but which in its essence is nothing less than the terrifying embodiment of the cloud that lurks ever-present in the depths of the human soul; or to the poetry for children presented in a prepossessing meld of Slovak and Italian. Let me, then, express the hope that you will find satisfaction and serenity in the correlation of what has been and what is to be, in whatever form and what-

Milan Richter

Korene vo vzduchu

Vo vzduchu, tam zostávajú tvoje korene, tam, vo vzduchu. Paul Celan

– Kam, pán inžinier, kam, na hroby?
– Na hroby, pán sused. Máme tam mamičku,
aj brat mi tam leží a ženina neter,
vlani sme ju pochovali, sedemnásť mala,
vraj leukémia. A vy, pán sused?
– Domov. Rýchle sa teraz stmieva.
A to ja najradšej doma.
– Na hroboch ste už boli?
– Nemám hroby. Žena mi ušla, dávno,
ako ráčite vedieť, synovia ešte žijú,
ale až v Kanade, veru, v Kanade.
Nemám hroby.
– A mamička, otecko, bratia,
starí rodičia, kde vám tí ležia?
– V osvienčimskom vzduchu, tam,
vo vzduchu ležia.

Roots in the Air

In the air, that's where your roots are, over there, in the air. Paul Celan

– Off to the cemetery, are you, doctor?
– Yes, neighbour, visiting the graves. We've got our mother there,
my brother, too lies there, and the wife's niece,
buried her last year, only seventeen,
leukaemia, they said. And you, neighbour?
– Home. The days are drawing in.
That's when I like to be at home.
– You've been to your graves then?
– I have no graves. My wife left me, long ago,
as you well know, my sons are living,
but far away, in Canada, yes Canada.
I have no graves.
– But your mother, your father, brothers,
grandparents, where do they lie?
– In the air above Auschwitz, over there,
in the air they lie.

Translated by Ewald Osers

Titelseite Slovak Literary Review

nahmsweise gelehrt, wie z. B. zur Zeit an der Kölner und Berliner Universität: Die Slowakistik ist aus dem Schatten der Bohemistik immer noch nicht herausgetreten.

Andere Kulturbereiche

Theater und Kino

Seit dem 18. Jahrhundert gab es in der Slowakei feste Theater, in ihnen wurde jedoch vorwiegend in Deutsch und Ungarisch gespielt. Die ersten slowakischen Theaterstücke entstanden erst 1840 durch den Begründer des slowakischen Dramas, Ján Chalupka. Im 19. Jahrhundert hatten vor allem Laienspielgruppen große Bedeutung, ein professionelles slowakisches Theater konnte sich aber erst nach 1918 entwickeln. Die Anfänge waren mühsam, da es zunächst wenige Stücke und kaum Schauspieler gab. Heute gibt es städtische und Bezirkstheater und zahlreiche Privatbühnen, die meisten in Bratislava. Auf ihren Spielplänen stehen neben internationalen Stücken auch slowakische Stücke, zum Beispiel von Urbánek, Tajovský, Hollý, Karvaš, Smrčok und Kukučín.

Der erste Kino-Film war 1886 in Bratislava in einem Restaurant zu sehen, das erste Kino wurde hier 1905 eröffnet. Die Produktion beschränkte sich aber bis in die 30er Jahre auf Dokumentarfilme über die Slowakei und slowakische Folklore: Man hatte auch in diesem Bereich Nachholbedarf. Erst nach 1945 begann eine eigenständige Filmproduktion. Bekannte slowakische Regisseure sind Vladimír Kavčiak und Juraj Jakubisko. Dessen experimentelle Filme waren Ende der 60er Jahre verboten.

Musik und Malerei

Auf dem Gebiet der Slowakei bildete sich schon früh eine eigene Volksmusiktradition heraus. Ansätze hierzu gab es im 17. Jahrhundert und in der Zeit des Barock, doch erst ab dem 19. Jahrhundert kann man von einer spezifisch slowakischen Musik sprechen. Sie wurde ganz im Geist der Romantik besonders von dem erstarkten slowakischen Nationalbewußtsein getragen. Der

Das slowakische Nationaltheater in Bratislava. – Foto: S. Vykoupil

bekannteste Komponist dieser Zeit war Ján Levoslav Bella (1843–1936). Die erste Nationaloper, *Detvan* (1924), stammt von Viliam Figuš-Bystrý (1875–1937).

Nach 1918 erhielten die Slowaken immer mehr neue Impulse für eine reiche Musikkultur: 1919 wurde das erste slowakische Konservatorium gegründet, 1920 das Opernhaus, 1949 eine Musikhochschule. Nun konnten sich endlich mehrere Musikergenerationen entfalten, wie etwa der bedeutende Komponist Mikuláš Moyzes (1872–1944), sein Sohn Alexander Moyzes (1906–1984) und der vor allem durch seine Opern bekannte Eugen Suchoň (geb. 1908).

Die Kompositionen von Alexander Moyzes stehen in der Dvořák-Nachfolge und sind folkloristisch gefärbt, so z. B. die Kantate *Svätopluk* (1935), die später zur Oper umgearbeitet wurde (*Udatný kráľ*, Der tapfere König, 1967), die sinfonischen Suiten „Feuer auf den Bergen" (1974) und „Sage über Jánošík" (1976). Eugen Suchoň, dem zu Ehren im September 1998 das Suchoň-Jahr ausgerufen wurde, schuf mit seiner 1941 bis 1949 entstandenen Oper *Krútňava* (Wirbel) die erste bedeutende slowakische Volksoper. Sie suggeriert mit Ganztonketten und übermäßigen

Intervallen eine archaische Klangwelt. Das Stück, in dessen Mittelpunkt die junge Katrena steht, spielt in einem slowakischen Dorf nach dem Zweiten Weltkrieg.

Das Problem der modernen slowakischen bildenden Kunst liegt darin, daß es bis zur Gründung der Republik 1918 außer der handwerklichen und bäuerlichen Volkskunst keine lebendige Malereitradition gab. Dennoch gelang es, die Darstellung des bäuerlichen Lebens und der Armut, die vor allem in den 30er Jahren in den ländlichen Gegenden der Slowakei herrschte, als Sujet der „hohen Kunst" akzeptabel zu machen. Besondere Erwähnung verdient dabei der slowakische Maler und Schriftsteller Janko Alexy (1894–1970), der als einziger slowakischer Künstler auch internationale Anerkennung fand. Ferner sind noch Miloš A. Bazovský (1899–1968) mit seinen naiven, von der Volkskunst inspirierten Darstellungen des bäuerlichen Lebens zu erwähnen sowie Ľudovít Fulla (1902–1980), dessen eindringliche, bunte Leinwände das Gegenstück zu Bazovskýs ruhiger, glatter Technik sind.

Medien

Die erste Zeitung in slowakischer Sprache war die 1845 bis 1848 zweimal wöchentlich erscheinende Slowakische Volkszeitung *(Slowenskje národňje noviny)*, herausgegeben von Ľudovít Štúr, die das Sprachrohr der jungen Štúr-Generation wurde. Weitere Zeitungen in slowakischer Sprache begannen seit den 70er Jahren des 19. Jahrhunderts regelmäßig zu erscheinen, ihre Zahl nahm jedoch erst nach 1918 deutlich zu.

Seit der „samtenen" Revolution und der Öffnung nach Westen hat die Informationsflut auch die Slowakei erreicht. Die Zahl der Zeitungen und Zeitschriften hat sich von 1991 bis 1995 beinahe verdoppelt und stieg von 571 Titeln auf 1017, zugenommen hat besonders die Zeitschriftenproduktion nach westlichem Muster, darunter auch die Regenbogenpresse.

Rundfunksendungen in slowakischer Sprache gibt es seit 1926. 1948 wurden der tschechische und der slowakische Rundfunk zum staatlichen Tschechoslowakischen Rundfunk zusammengeschlossen. Seit Anfang der 70er Jahre existierte ein zentrales Programm *Hvězda* (Stern), das über je zwei Sender abwechselnd in Tschechisch und Slowakisch sendete. Auch die Sprachen der Minderheiten – ungarisch, polnisch, ukrainisch und deutsch – wurden berücksichtigt. 1970 wurden zwei eigene slowakische Programme eingerichtet.

Seit der Aufhebung des staatlichen Rundfunk- und Fernsehmonopols Anfang der 90er Jahre bestehen neben den beiden staatlichen Sendern STV 1 und STV 2 einige Privatsender wie der oppositionelle Sender *Markíza* und – sehr kommerziell – *VTV*. Da mittlerweile viele Haushalte mit Satellitenfernsehen ausgerüstet sind, sind die Empfangsmöglichkeiten wie fast überall in Europa schier unbegrenzt.

Bildung

Das staatliche Bildungsangebot in der Slowakei ist kostenlos. Die allgemeine Schulpflicht wurde erstmals 1868 eingeführt und betrug sechs Jahre. 1922 wurde sie auf acht Jahre verlängert und besteht heute bis zum 16. Lebensjahr. Die Einschulung erfolgt mit sechs Jahren. Nach der allgemeinen achtjährigen Grundschule *(základná škola)* stehen verschiedene sog. Mittelschulen *(stredné školy)* zur Verfügung:

- das Gymnasium *(gymnázium)*, vier Jahre, Abschluß: Abitur *(matura)*; es gibt auch zweisprachige Gymnasien, die neben Slowakisch auch in englischer, deutscher, französischer, spanischer oder italienischer Sprache unterrichten, außerdem: ungarische und ukrainische Gymnasien,
- Fachmittelschulen *(stredné odborné učilište)* mit der Ausbildung in den Bereichen Wirtschaft, Elektronik und Gesundheitswesen u.a. und drei verschiedenen Abschlußmöglichkeiten: Abitur (4 Jahre), Facharbeiterbrief und Abitur (4 Jahre) und Gesellenbrief (3 Jahre),
- das Konservatorium (sechsjährige Ausbildung mit Abitur).

Das Hochschulstudium dauert sechs Jahre und ist in der Regel wesentlich ‚verschulter' als in Deutschland. Es gibt 14 Universitäten und Hochschulen mit 58 Fakultäten. Seit 1990 haben die Fakultäten mehr Autonomie und Kompetenzen als früher. Sehr gefragt ist gegenwärtig die wirtschaftswissenschaftliche Fakultät, da viele junge Slowaken erfolgreiche Manager werden wollen. Etwa 30% der Absolventen sind jedoch arbeitslos.

Nach dem politischen Umbruch 1989 wurde auch das private Schulwesen wieder zugelassen, mit der Folge, daß einige Hochschulen als private Business Schools neu gegründet wurden. Neben diversen Fortbildungskursen werden zur Zeit im ganzen Land viele Kurzzeit-Seminare, Trainings und Vorträge von vielen in- und ausländischen Agenturen und Unternehmensberatern angeboten.

Wie auch in anderen mitteleuropäischen Reformstaaten gehen nach Angaben von Unicef seit der Demokratisierung deutlich mehr Schüler auf weiterführende Schulen und Universitäten als früher. Auch die Fächervielfalt hat sich erhöht – vor allem bei den Fremdsprachen. Der Wandel des Systems wird zumindest langfristig auch eine neue Art des Lernens nach sich ziehen. Anders als früher, als der Unterricht vor allem aus Auswendiglernen bestand, wird mehr Wert auf selbständiges Arbeiten gelegt und dem eigenen Urteil des Schülers größere Beachtung geschenkt werden.

Auf einer Alm in der Hohen Tatra. – Foto: V. Bárta

ANHANG

Die Slowakei auf einen Blick

Amtliche Bezeichnung: Slovenská republika
Hauptstadt: Bratislava (Preßburg)
Flagge: Waagerecht weiß-blau-rot gestreift, darauf das Staatswappen
Wappen: silbernes Doppelkreuz auf rotem frühgotischem Schild, das in der Mitte des erhöhten Hügels vom blauen Dreiberg (Fatra, Matra, Tatra) steht
Nationalhymne: Die beiden ersten Strophen des Liedes *Nad Tatrou sa blýska* (Über der Tatra blitzt es)
Fläche: 49 012 km^2
Nachbarstaaten: Polen, Ukraine, Tschechien, Österreich und Ungarn
Bevölkerung: 5,36 Mio. (davon 51,31% weiblich), Geburtenrate 1,6%, Bevölkerungsdichte 109 Einwohner/km^2
Nationalitäten: 85,69% Slowaken, 10,59% Ungarn, 1,59% Roma offiziell (inoffiziell ca. 500 000), 1,08% Tschechen, Mährer und Schlesier, 0,6% Ukrainer, 0,1% Deutsche, 0,06% Polen und 0,26% andere
Religion: römisch-katholisch 61,5%, evangelisch (Augsburger Bekenntnis) 6,2%, griechisch-katholisch 3,4%, orthodox 0,7%, ohne Bekenntnis 9,7%; 17,4% der Einwohner nahmen keine Stellung (gemäß der Volkszählung von 1991)
Staats- und Regierungsform: Parlamentarische Demokratie, 8 Verwaltungseinheiten (kraj) mit 78 Bezirken (okres)
Währung: Slowakische Krone (Slovenská koruna, Sk). 1 Sk = 100 Heller (halier, h); 12/1998: 1 USD = 36,7 Sk; 1 DM = 21,7 Sk
Inflation: 1994 11,7%; 1995 7,2%; 1996 5,8%; 1997 6%; Prognose für 1998 5%
Wirtschaftliche Entwicklung: Bruttosozialprodukt/Kopf 3540 USD (1997), Arbeitslosenquote 12,8% (1996), Anstieg der Verbraucherpreise +7,2% (1997), Leistungsbilanz: –1200 Mio. USD (1998), Wachstum BSP –6,8%.
Außenhandel: 1995: Export 254 Mrd. Sk, Import 252 Mrd. Sk (davon 37,2 Mrd. Sk aus Deutschland, 43,3 Mrd. Sk aus Rußland)
Internationale Mitgliedschaften: UN, Europarat (7/1993), GATT (seit 4/1993), IWF, Weltbank, WTO, UNESCO, EU-Assoziierungsabkommen (2/95), CEFTA (3/93)

Zeittafel

5.–6. Jh.	Slawische Besiedlung
623–658	Samos Reich
um 800	Niederlage der Awaren durch Karl den Großen; Entstehung der Fürstentümer Mähren und Nitra
um 833	Entstehung des Großmährischen Reichs
863–867	Wirken der Brüder Kyrill und Method in Großmähren
880	Einführung der slawischen Liturgie
885	Tod Methods, Ende der byzantinischen Mission
895	Loslösung der tschechischen Fürstentümer von Großmähren, allmählicher Zerfall des Großmährischen Reichs
904–908	Niederlagen in Kämpfen gegen die Ungarn
910 (bzw. 1025)	Slowakei fällt an Ungarn, die allmähliche Landnahme beginnt
997–1038	Stefan I., der Heilige, erster ungarischer König, Christianisierung von Rom aus
1150	Ankunft der ersten deutschen Siedler in der Zips
13. Jh.	Einfälle der Tataren
1301–1305	Tschechischer Prinz Wenzel (Václav) als Ladislav V. ungarischer König
1308–1342	Karl I. Robert ungarischer König
1311	Eroberung von Nitra durch Matúš Čák
1342–1382	Ludwig I. der Große, ungarischer König
1387–1437	Sigismund (aus Luxemburg) ungarischer König
1412	Verpfändung von 13 Zipser Städten u. 3 weiteren Kronstädten durch Sigismund an Polen (dauerte bis 1772)
1428–1433	Einfälle der Hussiten in die Slowakei
1440/1441	Besetzung von Teilen der Slowakei durch Jan Jiskra und seine hussitischen Söldner
1458–1490	Matthias Corvinus ungarischer König
1467	Eroberung des letzten Bruderschaftslagers durch Matthias Corvinus
1515	Beginn der Reformation
1526	Niederlage des ungarischen Heeres in der Schlacht bei Mohács gegen die Osmanen; die Ungarische Krone geht an die Habsburger, gleichzeitig ein Teil Ungarns an das Osmanische Reich;

	ungarische Könige: Johann Sigismund Zapolya (mit Unterstützung der Osmanen) und Ferdinand I. (Habsburger)
1530	Einfall der Osmanen in die Slowakei
1538	Friede von Großwardein
1541–1547	Krieg mit den Osmanen, fünfjähriger Friede
1551–1568	Erneuter Krieg mit den Osmanen
1553	Beginn der Gegenreformation
1561	Gründung des Jesuitenkollegs in Trnava
1564–1576	Maximilian I. ungarischer König
1568	Friede in Adrianopel mit den Osmanen
1576–1608	Rudolf II. ungarischer König
1593–1606	„Fünfzehnjähriger Krieg" mit den Osmanen
1603–1604	Einschreiten gegen Protestanten in der Slowakei
1604–1606	Aufstand des István Bocskaj gegen die Habsburger
1608–1619	Matthias II. ungarischer König
1619–1626	Drei Aufstände von Gabriel Bethlen gegen die Habsburger
1635	Gründung der Universität Trnava (bis 1777)
1637–1657	Ferdinand III. ungarischer König
1657–1705	Leopold I. ungarischer König
1660	Gründung der Universität Košice (im 18. Jh. aufgehoben)
1663–1664	Erneute Kämpfe gegen die Osmanen
1673–1674	Prozesse gegen evangelische Geistliche in Bratislava
1683, 12.9.	Niederlage der Osmanen bei Wien
1699	Friede zu Karlowitz, Rückzug der Osmanen
1703	Revolte von Franz II. Rákóczi (bis 1.5.1711)
1705–1711	Joseph I. ungarischer König
1711–1740	Karl VI. ungarischer König
1713	Hinrichtung von Juraj Jánošík in Liptovský Mikuláš
1740–1780	Maria Theresia österr. Kaiserin u. ungar. Königin
1780–1790	Regierung Josephs II.
1781	Toleranzpatent Josephs II.
1787	Erste Kodifizierung der slowakischen Schriftsprache durch Anton Bernolák
1790–1792	Regierung Leopolds II.
1792–1835	Regierung Franz II.
1792–1827	Entstehung mehrerer slowakischer gelehrter Gesellschaften

1835–1848	Regierung Ferdinands V.
1843	Kodifizierung der slowakischen Schriftsprache durch Ľudovít Štúr
1848, Mai	Slowaken tragen ihre nationalen Forderungen in Liptovský Mikuláš vor
Juni	Slawenkongreß in Prag
Sept.	Bewaffneter Aufstand der Slowaken
1848–1916	Regierung Franz Josephs I.
1849, 4.3.	Erlaß der sog. oktroyierten Verfassung
1851	Annullierung der oktroyierten Verfassung durch einen Staatsstreich
1851–59	Neoabsolutistische Ära A. Bach
1852	Erscheinen der *Krátka mluvnica slovenská* (Kurze slowakische Grammatik): Reform der slowakischen Schriftsprache
1860	Oktoberdiplom mit autonomen Verwaltungsrechten für Ungarn (gescheitert)
1861	Februarpatent mit weiteren Zugeständnissen an Ungarn
1863, 4.8.	Gründung der Matica slovenská
1866	Preußisch-österreichischer Krieg mit Niederlage Österreichs
1867	Österreichisch-ungarischer Ausgleich; Beginn der gewaltsamen Madjarisierung der Slowaken
1874–1875	Schließung slowakischer Gymnasien und der Matica slovenská (1875) durch die ungarische Regierung
1907	Madjarisierende Schulgesetze im Volksschulwesen
1918, 14.11.	Tomáš Garrigue Masaryk erster Präsident der Tschechoslowakei
7.12.	Errichtung eines Ministeriums für die Verwaltung der Slowakei unter Vavro Šrobár
1920, 29.2.	Erste Verfassung der Tschechoslowakischen Republik
1935–1938	Milan Hodža Ministerpräsident der ČSR
1935, 18.12.	Edvard Beneš Präsident der ČSR
1938, 23.9.	Mobilisierung der tschechoslowakischen Armee
29.9.	Münchner Abkommen
7.10.	Die Slowakei wird autonom, Jozef Tiso slowakischer Ministerpräsident (ab 1939 Präsident)
1939, März	Die Slowakei militärisch dem Deutschen Reich unterstellt

1940, Juli	Tschechoslowakische Exilregierung unter Beneš in London
1943	Freundschafts- und Beistandspakt zwischen der Sowjetunion und der Exilregierung Beneš
1944, 29.8.–27.10.	Slowakischer Nationalaufstand in Banská Bystrica gegen den Nationalsozialismus, Niederschlagung durch die deutsche Armee
1945	Sowjets erobern Bratislava, Kaschauer Regierungsprogramm
1946	Klement Gottwald Ministerpräsident, Beneš erneut tschechoslowakischer Präsident
1947, 18.4.	Hinrichtung von Jozef Tiso
1948	Einführung der kommunistischen Diktatur in der ČSR (Februarrevolution); nach Rücktritt von Beneš Klement Gottwald Staatspräsident
1960, 11.7.	Umbenennung des Staates in Tschechoslowakische Sozialistische Republik (ČSSR)
1968, Januar	Alexander Dubček erster Sekretär des Zentralkomitees der KP
1968, 21. August	Einmarsch der Truppen des Warschauer Pakts, Zerschlagung des „Prager Frühlings“
1969/1975	Gustáv Husák erster Sekretär des Zentralkomitees der KP, dann auch Staatspräsident der ČSSR
1987	Parteivorsitz an Miloš Jakeš
1989	HZDS und Bürgerforum tragende Kräfte der „samtenen Revolution“
25.3.	Manifestation von Gläubigen in Bratislava
November	Demonstration von Studenten in Bratislava; blutige Unterdrückung der Studentendemonstration in Prag; Generalstreik
Dezember	Václav Havel wird Staatspräsident
1990	Erste freie Wahlen: Vladimír Mečiar slowakischer Ministerpräsident
1992	Zweite freie Wahlen: erneuter Wahlsieg der HZDS Mečiars
1993, 1. Januar	Ausrufung der souveränen Slowakischen Republik
1994	Nach Parlamentswahlen: dritte Regierung Mečiar
1998, 25./26.9.	Parlamentswahlen mit dem Sieg der Opposition, als Bündnis Slowakische Demokratische Koalition (SDK) agierend, unter ihrem Vorsitzenden Mikuláš Dzurinda
Okt.	Dzurinda wird Premierminister
1999, März	Wahl des Staatspräsidenten

Orte, Flüsse und Regionen (dreisprachig)

slowakisch	*deutsch*	*ungarisch*
Banská Štiavnica	Schemnitz	Selmeczbánya
Banská Bystrica	Neusohl	Besztercebánya
Bardejov	Bartfeld	Bártfa
Bratislava	Preßburg	Pozsony
Brezno	Bries an der Gran	Breznobánya
Chmel'nica	Hobgart	
Čičmany	Zimmermannshau	
Detva		Dettva
Devín	Theben	Devény
Dunaj m. (Fluß)	Donau w.	Duna
Dunajec (Fluß)	Dohnst, Dunajez	
Gabčíkovo		
Gelnica	Göllnitz	Gölnicbánya
Holíč	Weißkirchen	
Hornád (Fluß)	Hernad	
Horné Uhorsko	Oberungarn	Felvidék
Hron m. (Fluß)	Gran w.	Garam
Humenné	Homenau	Homonna
Jasov	Jossau	
Jelšava	Eltsch	Jolsva
Kežmarok	Käsmark	Késmárk
Košice	Kaschau	Kassa
Komárno	Komorn	Komárom
Kremnica	Kremnitz	Körmöcbánya
Levoča	Leutschau	Löcse
Liptovský Mikuláš	St. Nikolaus i. d. Liptau	Liptószent-miklós
Martin	Turz-Sankt-Martin	Turócsent-márton
Modra	Modern	Modor
Nitra	Neutra	Nyitra
Nové Zámky	Neuhäusl	Ersekújvár
Orava	Arwa	
Pezinok	Bösing	Bazin
Piešt'any	Bad Pistyan	Pöstyen
Plešivec	Pleissnitz	
Poprad	Deutschendorf	Poprád
Prešov	Preschau, Esperies	Eperjes
Rožňava	Rosenau	Rozsnyó
Ružomberok	Rosenberg	Rózsahegy
Skalica	Skalitz	Szakolca
Sliač		Szliács

Smolenice	Smolenitz	
Smolník	Schmölnitz	
Spiš	Zips	Szepes
Spišská Béla	Zipser Bela	
Spišská Nová Ves	Zipser Neudorf	Igló
Starý Smokovec	Altschmecks	
Svätý Jur pri Br.	Sankt Georgen	Szentgyörgy
Svidník		Felsoszvidnik
Šamorín	Sommerein	
Štúrovo		Párkány
Tisovec	Theißholz	
Trenčianské Teplice	Trentschin-Teplitz	Trencsénteplic
Trenčín	Trentschin	Trencsén
Trnava	Tyrnau	Nagyszombat
Turiec (Fluß)	Turz	
Váh m. (Fluß)	Waag w.	
Žilina	Sillein	Zsolna
Zvolen	Altsohl	Zókyom

Deutsch-slowakische Kontakte

Botschaft der Slowakischen Republik in der Bundesrepublik Deutschland, August-Bier-Straße 31, 53129 Bonn

Botschaft der Slowakischen Republik in Österreich, Armbrustergasse 24, 1190 Wien, Tel.: 371309, 374369; Fax: 377269

Delegiertenbüro der Deutschen Wirtschaft in der Slowakei, Palisády 36, 81645 Bratislava

Goethe-Institut, Konventná 1, 81364 Bratislava

Haus für Auslandskontakte des Ministeriums für Schulwesen und Wissenschaft MSV SR, Hviezdoslavovo námestie 14, 81329 Bratislava

Informationsbüro Bratislava, Bratislavská informačná služba, Laurinská 1, 81103 Bratislava, Tel.: 333715, 334370

Institut für Information und Prognose für Schulwesen und Wissenschaft, Asmolovova 52, 84244 Bratislava

Ministerium für Schulwesen und Wissenschaft der Slowakischen Republik, Ressort für Auslandsbeziehungen – MSV SR, Hlboká 2, 81330 Bratislava

Mittel- und Osteuropa-Institut, Berggasse 2123/5, 1090 Wien, Tel.: 3172793, Fax: 3172795

Österreichische Bibliothek an der Slowakischen Akademie der Wissenschaften, Rakúska knižnica Slovenskej akademie vied, Literárnovedný ústav, Konventná 13, 81364 Bratislava, Tel.: 313391

Österreichische Bibliothek, Univerzitná knižnica – Univerzita P. J. Šafárika, Garbiarská 14, 04207 Košice

Österreichisch-slowakisches Kulturinstitut, Kahlenbergerstraße 51, 1010 Wien, Tel.: 373277

Repräsentanz der Deutsch-Tschechischen und Deutsch-Slowakischen Wirtschaftsvereinigung e.V., Moskovská 7, 81108 Bratislava

SAIA – Slowakische Akademische Informationsagentur, Slovenská akademická informačná agentúra, Hviezdoslavovo námestie 14, 81329 Bratislava

Satur Reisebüro, Strausberger Platz 8, 10243 Berlin

Slowakische Industrie- und Handelskammer SOPK, Gorkého 9, 81603 Bratislava

Slowakisches Reisebüro Generaldirektion, Mileticová 1, 81106 Bratislava

Slowakisch-österreichische Gesellschaft, Slovensko-rakúska spoločnosť', Kupelná 4, 81102 Bratislava, Tel.: 591–51 bis 57

Südosteuropa-Gesellschaft, Widenmeyerstr. 49, 80538 München

Wirtschaftsministerium – Sektion für Fremdenverkehr, Špitálska 8, 81315 Bratislava

Slowakei im Internet

Ein Ausflug in die Slowakei via Internet ist durchaus lohnend angesichts des bisherigen Informationsmangels über das Land in den hiesigen Medien. Das Angebot ist im Vergleich zu den anderen Ländern Mitteleuropas etwas geringer und hauptsächlich auf Slowakisch zugänglich. Es gibt aber auch Infos in englischer und einige wenige in deutscher Sprache.

Da ist zunächst die allgemeine Adresse für verschiedene Länder, die auch über die Slowakei – auf Englisch und hauptsächlich Slowakisch – berichtet: „http://www.vtourist.com/“ (unter Slovakia).

Der Suchdienst, der die meisten Informationen auf Deutsch bringt, ist Yahoo „http://www.yahoo.de/Staedte_und_Laender/Laender/Slowakei/“.

Ein englischsprachiger Suchdienst speziell für Mittel- und Osteuropa findet sich unter der Adresse: „http://www.centraleurope.com/ceo/“ (interessant auch „http://www.centraleurope.com/ceo/country/slovakia/slkhome.html“ und das Diskussionsforum „http://www.centraleurope.com/ceo/chat/chathome.html/“).

Ein Informationsdienst in slowakischer Sprache über Kultur, Institutionen, praktische Informationen, Diskussionsforen etc. ist: „http:// www.zoznam.sk/“.

Die Adressen „http://www.sanet.sk/“ und „http://www.eunet.sk/“ bringen grundlegende Informationen über das Land auf Englisch.

Verschiedene Daten und Angaben über Politik und die wirtschaftliche Entwicklung erhält man in Englisch über OECD „http://www. oecd.org/puma/sigmaweb/profiles/slovakia/svk4.htm“.

Nett und immer wieder mit vielen Infos gespickt ist der Länderbericht des CIA „http://www.odci.gov/cia/publications/factbook/ country-frame.html“.

Zu den Menschenrechten in der Slowakei kann man sich an die Adresse „http://www. amnesty.de/jb97/slowakei.htm“ (deutsch) wenden.

Reiseinformationen zu Fahrplänen, Hotels (incl. Preisen) und weiteren Unterkünften, Restaurants, Museen und Galerien (incl. Öffnungszeiten) sowie Informationen zu Reisezielen kann man unter „http://www.centraleurope.com/ceo/travel/trnavig.html#sk“ bekommen; über den Tourismus u.a. in der Hohen Tatra informiert „http://130.237.191.164/slovakia/“ und über Flüge „http://www.glasnet.ru/~sll/“ (englisch).

Literaturhinweise (deutsch und englisch)

Literatur für Reisende

Bachmann, Erich: Tschechien, Slowakei. Stuttgart 1993. [=Baedeker-Allianz Reiseführer]
Viele, z.T. nicht mehr ganz aktuelle Tips, Hotels, Restaurants, mit großer Reisekarte, Ortsnamenkonkordanz und Sprachteil.

Bárta, Vladimír: Slovensko = Die Slowakei. Text slowakisch und deutsch. Banská Bystrica 1993.
Bebilderte slowakisch-deutsche Darstellung von 92 Sehenswürdigkeiten in der Slowakei, mit weiteren kulturellen Infos im Anhang.

Bella, Pavel: Show caves in Slovakia = Schauhöhlen in der Slowakei. Žilina 1997.
Auf 64 S. (englisch-deutsch) Beschreibung der 12 slowakischen Schauhöhlen, zahlreiche Bilder, kurzes Wörterbuch der Fachausdrücke.

Frank, Michael: Tschechien, Slowakei. Fotogr.: Axel M. Moser. München 1996.
Wunderschöner Bildband mit soliden reisekundlichen Informationen und etwas knapp ausgefallenem Teil zur Slowakei, ein wenig unübersichtlich.

Hochberger, Ernst: Die Hohe Tatra und die Gebirge der Nordslowakei. Sinn 1977.
Berg-, Wander- und Kletterführer.

Hochberger, Ernst: Das große Buch der Slowakei: 3000 Stichworte zur Kultur, Kunst, Landschaft, Geschichte, Wirtschaft. Mit 350 Federzeichnungen von Karl Kiraly. Sinn 1997.
Das z.Z. wohl umfangreichste Werk zum Land (582 S.), dem alphabetischen Lexikonteil folgen ausführliche landeskundliche Infos.

Horn, Alfred (Hg.): Tschechoslowakei. Berlin u.a. 1993. [= Apa Guides].
Gute Informationsquelle mit Bildern, der Schwerpunkt liegt allerdings auf Tschechien.

Humphreys, Rob: Tschechische & Slowakische Republik. Göttingen ^{3}1993.
Enthält viele Details und ist interessant geschrieben; die Unterkunftsmöglichkeiten haben sich jedoch verändert.

Kállay, Karol / Spetko, Josef: Slowakei. Würzburg 1993.
Hübscher Bildband, informativ, zweisprachiges Ortsverzeichnis.

Lessing, Lukas: Slowakei. Reisen mit Insider-Tips (mit Sprachführer und Ausklapp-Karte). Ostfildern 1997. (2. aktual. Aufl., Marco Polo)
Lebendig verfaßt, nützliche Infos.

Micklitza, Kerstin und André: Slowakei. Kiel 1996. 2. überarb. und erw. Auflage.
Nützliches Reisehandbuch mit Karten und Plänen, zahlreiche Infos zu Sprache, Geschichte und Kultur.

Mohyla, Otakar: Tschechische Republik und Slowakische Republik: Anreisewege, Reiserouten, Städteführer, Prag, Brno, Bratislava. Pforzheim 1994. 6. überarb. Aufl. [=Goldstadt-Reiseführer. Bd. 13]
Alphabetisch geordneter, mehr tschechisch orientierter Reiseführer.

Slowakei. Spaziergänge durch die Jahrhunderte der Städte und Städtchen. Bratislava 1995.
Hübscher Bildband mit historischen Informationen
Übernachten in Tschechien und in der Slowakei: Hotel- und Campingführer. (Red. Petra Lietzau). Dortmund 1994.
Nach Regionen geordnetes, unkommentiertes Verzeichnis von Übernachtungsmöglichkeiten.

Geschichte, Gesellschaft

Aspeslagh, Robert (Hg.): Im historischen Würgegriff: die Beziehungen zwischen Ungarn und den Slowaken in der Vergangenheit, Gegenwart und Zukunft. Mit einem Vorwort von Max van der Stock. Baden-Baden 1994.
Blasko, Stephan: Slovakia in Blood and Shackles. New York 1954.
Brock, P.: The Slovak National Awakening. Toronto 1976.
Daniel, Bartolomej: Geschichte der Roma in Böhmen, Mähren und der Slowakei. Frankfurt/M. u.a. 1998. [=Studien zur Tsiganologie und Folkloristik. 23]
Glaser, Kurt: Die Tschecho-Slowakei. Politische Geschichte eines neuzeitlichen Nationalitätenstaates. Frankfurt/M., Bonn 1964. (Übers. der amerikanischen Originalausgabe von 1961)
Glassl, Horst: Die slowakische Geschichtswissenschaft nach 1945. Wiesbaden 1971. [=Veröffentlichungen des Osteuropa-Instituts München. Bd 32.]
Gogolak, Ludwig von: Beiträge zur Geschichte des slowakischen Volkes. 2. Bde. München 1963–72.
Gretzmacher, Julius / Kleckner, Rudolf: Die Zips. Land unter der Hohen Tatra. Innsbruck 1982.
Hadler, Frank (Hg.): Weg von Österreich! Das Weltkriegsexil von Masaryk und Beneš im Spiegel ihrer Briefe und Aufzeichnungen aus den Jahren 1914 bis 1918. Eine Quellensammlung. Berlin 1995.
Hallenberger, Gerd / Krzeminski Michael (Hg.): Osteuropa-Medienlandschaft im Umbruch. Berichte und Analysen aus 9 Ländern. Berlin 1994.
Hoensch, Jörg Konrad: Die Slowakei und Hitlers Ostpolitik. Hlinkas Slowakische Volkspartei zwischen Autonomie und Separation 1938/39. Köln, Graz 1965. [=Beiträge zur Geschichte Osteuropas. 4]
Ders.: Geschichte der Tschechoslowakischen Republik 1918–1978. Stuttgart ^{3}1992.
Holčík, Štefan / Štefanovičová, Tatiana: Die Burg von Bratislava. Bratislava 1982.
Kipke, Rüdiger (Hg.): Abschied von der Tschechoslowakei. Ursachen und Folgen der tschechisch-slowakischen Trennung. Köln 1993.
Kirschbaum, Joseph M.: The Pittsburgh Pact. Its Significance in Slovak Politics, in: Bulletin of the Slovak National Council Abroad, Middletown, Pa., Juni 1958, S. 2–4.
Ders.: Slovakia: Nation at the Crossroads of Central Europe. New York 1960.
Ders. (Hg.): Reflections on Slovak History. Toronto 1987.

Kunzmann, Margret, Himmel, Božena: Zum Stand der Berufsausbildung in der Tschechischen Republik und in der Slowakischen Republik. Bielefeld 1994. [= Berichte zur beruflichen Bildung. 173]

Lemberg, Hans / Křen, Jan / Kováč, Dušan (Hg.): Im geteilten Europa. Tschechen, Slowaken und Deutsche und ihre Staaten 1948–1989. Veröffentlichungen des Instituts für Kultur und Geschichte der Deutschen im östlichen Europa. Bd. 10. Essen 1998.

Liptak, Johann: 800 Jahre Slowakei-Deutschtum. Stuttgart o. J.

Mamatey, Viktor S. (Hg.): Geschichte der Tschechoslowakischen Republik: 1918–1948. Wien u. a. 1980. [= Forschungen zur Geschichte des Donauraums. 3]

Mansfeldová, Zdenka: Zivilgesellschaft in der Tschechischen und Slowakischen Republik, in: Aus Politik und Zeitgeschichte. Beilage zur Wochenzeitung Das Parlament. B6–7/98, 30. Januar 1998.

Mikuš, J.A.: Slovakia and the Slovaks. Washington, D.C. 1978.

Mlynař, Zdeněk: Nachtfrost. Das Ende des Prager Frühlings. Frankfurt/M. 1988. (Erlebnisbericht)

Oddo, Gilbert L.: Slovakia and its People. New York 1960.

Der Österreichisch-ungarische Ausgleich 1867. Materialien (Referate und Diskussion) der internationalen Konferenz in Bratislava 28. 8.–1. 9. 1967. Bratislava 1971.

Probszt, Günther: Die niederungarischen Bergstädte. Ihre Entwicklung und wirtschaftliche Bedeutung bis zum Übergang an das Haus Habsburg (1546). München 1966.

Rainer, R. u. a.: Zipser Land und Zipser Leute. Wien 1982.

Rehder, Peter (Hg.): Das neue Osteuropa von A-Z. Staaten, Völker, Minderheiten, Religionen, Kulturen, Sprachen, Literaturen, Geschichte, Politik, Wirtschaft, Neue Entwickungen in Ost- und Südosteuropa. Mit über 600 Abbildungen und Karten. 2. verb. Auflage. München 1993. (zur Slowakei S. 633–635; zur Tschechoslowakei S. 711–743)

Rouček, Libor: Die Tschechoslowakei und die Bundesrepublik Deutschland 1949–1989. München 1990.

Seidl, Markus: Stadtverfall in Bratislava. ISR Forschungsberichte. Heft 9. Wien 1993.

Spetko, Josef: Heimat der Völker. Wien 1991. (über Karpatendeutsche)

Stiner, E.: The Slovak Dilemma. London 1973.

Wenzke, Rüdiger: Prager Frühling – Prager Herbst. Zur Intervention der Warschauer-Pakt-Streitkräfte in der ČSSR 1969. Fakten und Zusammenhänge. Berlin 1990.

Wheaton, Bernard / Kavan, Zdeněk: The Velvet Revolution. Czechoslovakia 1988–1991. Boulder 1992.

Zwischen nationaler Selbstbehauptung und Integration. Geschichte und Gegenwart der Roma in der ehemaligen Tschechoslowakei. Bearb. von Marlis Sewering-Wollanek. Heft 1, Februar 1993. Dokumentation Ostmitteleuropa. [= Wissenschaftlicher Dienst für Ostmitteleuropa, Neue Folge]

Wirtschaft

Deutsche Bank Research, Osteuropa auf Reformkurs, Heft 7, 27.9.1993.

Haarland, Hans Peter/Niessen, Hans-Joachim: Der Transformationsprozeß in der Tschechischen und in der Slowakischen Republik. Bonn 1995. [=Schriftenreihe zur Ordnungspolitik. 1]

Hölscher, Jens u.a. (Hg.): Bedingungen ökonomischer Entwicklung in Zentralosteuropa. Elemente einer Entwicklungsstrategie. Marburg 1996.

Kaplan, Karel: Die politischen Prozesse in der Tschechoslowakei 1948–1954. München 1982.

Keilhofer, Franz X. u.a.: Wirtschaftliche Transformation in der Tschechischen Republik und in der Slowakischen Republik. Stuttgart 1996. [=Schriften zum Vergleich von Wirtschaftsordnungen. Bd. 51]

Nesporová, Alena: Recent Labour Market and Social Policy Developments in the Czech and Slovak Republic. Paris 1991. [=Labour Market and Social Policy Implications of Structural Change in Central and Eastern Europe]

OECD (Hg.): Industry in the Czech and Slovak Republics. Paris 1994. (Autoren: Josef C. Brada, Jean Danie Clavel, Helgard Wienert)

Slowakei. Sonderbeilage der FAZ vom 15. Dezember 1997.

Vodička, Karel: Die Slowakei im Jahre 1, in: Osteuropa 7/94. S.669–682.

Weidenfeld, Werner (Hg.): Mittel- und Osteuropa auf dem Weg in die Europäische Union: Bericht zum Stand der Integrationsfähigkeit. Gütersloh 1996.

Ders.: Demokratie und Marktwirtschaft in Osteuropa. Strategien für Europa. Bonn 1996. 2. aktual. und vollst. überarb. Fassung. (Bundeszentrale für politische Bildung) [=Schriftenreihe Bd. 29]

Wirtschaftstrends/Slowakei. Bundesstelle für Außenhandelsinformationen. Köln u.a. 1997/98.

Zur slowakischen Sprache

Auty, Robert: The Evolution of Literary Slovak, in: Transactions of the Philological Society. Oxford 1953. S. 143–160.

Baláž, Peter / Darovec, Miloslav: Lehrbuch der slowakischen Sprache für Slavisten. Bratislava ²1978.

Brinkel, L'udmila / Berger, Karl-Heinz: Taschenlehrbuch Slowakisch. Leipzig 1985.

Dorul'a, Ján: Über die Sprache der feudalen slowakischen Nationalitäten im 15.–18. Jahrhundert, in: Recueil linguistique de Bratislava, 1982, 6. S. 55–62.

Dratva, Tomáš / Buznová, Viktoria: Slovenčina pre cudzincov. Bratislava ²1994. (einsprachiges Lehrbuch)

Lauersdorf, Mark Richard: The Question of ‚Cultural Language' and Interdialectal Norm in 16th Century Slovakia. A Phonological Analysis of 16th Century Slovak Administrative-Legal Texts. München 1996. [=Slavistische Beiträge 335]

Mistrík, Jozef: Die slowakische Sprache. Bratislava 1991.

Ders. / Ehrgangová, Elena: Slowakisch: Die Entfaltung der Literatursprache. in: Language Reform. History and Future. La réforme des langues. Histoire et avenir. Sprachreform. Geschichte und Zukunft. Hg. István Fodor / Claude Hadège. Vol. VI. Hamburg. 1994.

Pauliny, E.: Krátka gramatika slovenská. Bratislava 1960.

Rehder, Peter: Einführung in die slavischen Sprachen. Darmstadt 1998. 3., verb. und erw. Aufl.

Slowakisch in Wort und Schrift. Bielefeld 1996. (mit Kassette)

Stanislav, Ján: Slowakische Grammatik. Bratislava 1977.

Zur slowakischen Literatur

Böttcher, Kurt / Ziegengeist, Gerhard (Hg.): Literatur der ČSSR. 1945 bis 1980. Einzeldarstellungen. Von einem Autorenkollektiv unter Leitung von Štěpán Vlašín und Stanislav Šmatlák. Red. Manfred Jähnichen u.a. Berlin 1985. [= Literatur sozialistischer Länder] (Darin zur slowakischen Literatur S. 412–627)

Brogiato, Heinz Peter: Tschechoslowakei – Tschechien – Slowakei. Literatur in westlichen Sprachen 1975–1995. Frankfurt/M. 1997. [= Wiener Osteuropastudien Bd. 6]

Glosiková, Viera: Handbuch der deutschsprachigen Schriftsteller aus dem Gebiet der Slowakei (17.–20. Jahrhundert). Wien 1995.

Künzel, Franz Peter: Übersetzungen aus dem Tschechischen und Slowakischen nach 1945. München 1969.

Měšt'an, Antonín: Die tschechische und slowakische Literatur. In: Moderne Weltliteratur. Stuttgart 1972.

Noge, J.: An Outline of Slovakian Literature. Engl. Übers. Preßburg 1968.

Petro, Peter: A History of Slovak Literature. Québec 1995.

Richter, Ludwig: Slowakische Literatur. Berlin 1979.

Rudinsky, Norma: Incipient Feminists: Women Writers in the Slovak National Revival. With an Appendix of Slovak Women Poets 1798–1875 by Marianna Prídavková-Mináriková. Ohio 1991.

Slovak Literary Review. Revue der slowakischen Literatur. Zweisprachig, erscheint vierteljährlich.

Zajac, Peter: Auf den Taubenfüßchen der Literatur. Ein Buch über slowakische Literatur und Kultur. Hg. v. Ute Raßloff, mit e. Einl. v. Ute Raßloff u. e. Nachw. von Fedor Matejov. Gollenstein 1996. (Auswahl von Essays des Autors)

Auswahl deutsch erschienener slowakischer Literatur

Ballek, Ladislav: Akazien. Ein zweites Buch über Palánk. Deutsch von Reinhard Fischer. Berlin 1986.

Ders.: Der Geselle. Ein Buch über Palánk. Deutsch von Reinhard Fischer. Berlin 1985.

Das reine Wort. Anthologie der slowakischen Poesie. Zusammengestellt von J. Bžoch. Vorwort von K. Rosenbaum. Aus dem Slowak. von E. Bertleff und L. Elsnerová. Prag [1965].

Hronský, J.C.: Die Leute von Podpoljana: Slowakische Dorfgeschichten. Ausgewählt und aus dem Slowak. übertr. von Paul Kutzner. Weimar 1948.

Hviezdoslav, Pavol: Mit einem Olivenzweig kehr bei uns ein. Leipzig 1983. Nachdichtung von Dietmar Zirnstein. (Auswahlband)

Jähnichen, Manfred (Hg.): Augen voller Sterne. Moderne slowakische Erzählungen. Berlin, Weimar 1974. [= Edition Neue Texte. Bd. 373]

*Ders. (Hg.):*Válek, Miroslav, Rúfus, Milan, Mihálik, Vojtech: Gedichte. Berlin 1978.

Ders. (Hg.): Weisse Nächte mit Hahn: Eine Anthologie der slowakischen Poesie des 20. Jahrhunderts. Blieskastel 1996. (mit Kurzbiographien der Dichter von August Mat'ovcik)

Jarunková, Klára: Der Ausreißer. Hamburg 1975.

Dies.: Der Bruder des schweigenden Wolfes. Hamburg 1992.

Dies.: Die Einzige: Ein Roman für junge Mädchen. Aus dem Slowak. von Gustav Just. Hamburg 1971.

Dies.: Die Rache des Schwarzen Panthers. Deutsch von Martin Schuster. Hamburg 1977.

Dies.: Miros geheimes Notizbuch. Hamburg 1972.

Krasko, Ivan: Gedichte. Bratislava 1976.

Novomeský, Ladislav: Abgezählt an den Fingern der Türme. Hg. Manfred Jähnichen. Berlin 1971.

Kruntorad, Paul / Jungmann, Milan (Hg.): Aus zwanzig Jahren Finsternis. Tschechische und slowakische Erzählungen 1970–1990. Wien 1991.

Macht, Ursula: Blauer Berg mit Höhle. Slowakische Dichter des 20. Jahrhunderts. Levoča 1994.

Mňačko, Ladislav: Der Gigant: Roman. Frankfurt/M. 1992.

Ders.: Der Tod heißt Engelchen. Übers. H. Gaertner. Berlin ²1964.

Ders.: Der Vorgang: Roman. Reinbek b. Hamburg 1974.

Ders.: Die Festrede: Satiren. München 1976.

Ders: Die Nacht von Dresden. Reinbek b. Hamburg 1985.

Ders: Jenseits von Intourist: satir. Reportagen. München 1979.

Ders.: Verspätete Reportagen. Übers. E. Bertleff. Wien und München 1970.

Ders.: Wie die Macht schmeckt. Übers. E. Bertleff. Wien und München 1967.

Richter, Ludwig (Hg.): Der durchbrochene Kreis. Slowakische Erzählungen 1918–1945. Leipzig 1983.

Ders. (Hg.): Der steinerne Brunnen. Slowakische Erzählungen. Leipzig 1979.

Tagtägliche Unendlichkeit. Slowakische Erzählungen. Bratislava 1994.

Tatarka, Dominik: Allein gegen die Nacht. Klagenfurt, Salzburg 1995.

Urban, Milo: Die lebende Peitsche. Berlin 1931.

Zajac, Peter (Hg.): Wie Laub von einem Baum. 29 Geschichten aus der Slowakei. Blieskastel 1994.

Register

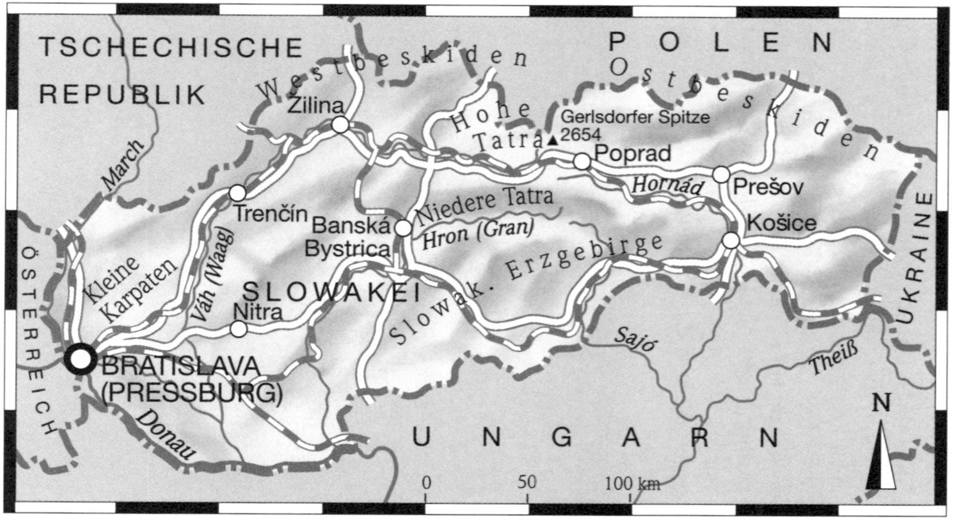
TSCHECHISCHE REPUBLIK
POLEN
Westbeskiden
Ostbeskiden
Žilina
Hohe Tatra
Gerlsdorfer Spitze 2654
Poprad
Hornád
Prešov
Košice
March
Trenčín
Niedere Tatra
Banská Bystrica
Hron (Gran)
Slowak. Erzgebirge
Kleine Karpaten
Váh (Waag)
SLOWAKEI
Nitra
UKRAINE
ÖSTERREICH
BRATISLAVA (PRESSBURG)
Donau
Sajó
Theiß
UNGARN
N
0
50
100 km

Danksagung

An dieser Stelle möchte ich mich bei allen bedanken, die zur Entstehung dieses Buches beigetragen haben.

Wichtige inhaltliche Impulse gab dem Werk Elena Cígerová aus Bratislava, die mir bei vielen Fragen zur Seite stand. Herzlich danke ich auch Petra Rehder und Christine Zeile vom Beck-Verlag für ihre Unterstützung. Ferner sei an dieser Stelle Volker Bockholt aus Göttingen für seine Hilfe auch in bibliothekarischen Belangen erwähnt. Einen nicht wegzudenkenden Anteil am Gelingen dieses Buches hatten schließlich auch meine Familie, Freunde und Verwandte, die mir ihr Verständnis und ihre Unterstützung nie versagten …

Länder und Städte in der Beck'schen Reihe

Albanien, von Ch. v. Kohl (bsr 872)
Politisches Lexikon Afrikas, hrsg. von R. Hofmeier/M. Schönborn (bsr 810) vergriffen, Neuauflage vorgesehen
Ägypten, von F. Büttner/I. Klostermeier (bsr 842)
Äthiopien, Eritrea, Somalia, Djibouti. Das Horn von Afrika, von V. Matthies (bsr 846)
Algerien, von W. Herzog (bsr 859), s. auch *Maghreb*
Politisches Lexikon Asien, Australien, Pazifik, hrsg. von W. Draguhn/ R. Hofmeier/M. Schönborn (bsr 827)
Belgien, von J. Schilling/R. Täubrich (bsr 829)
Berlin, von E. S. Freyermuth/G. S. Freyermuth (bsr 490)
Bhutan, von H. Wilhelmy (bsr 830)
Birma, von K. Ludwig (bsr 870)
Bolivien, von T. Pampuch/A. Echalar A. (bsr 813)
Brasilien, von M. Wöhlcke (bsr 804)
Brüssel, von M. Döpfner (bsr 1007)
Bulgarien, von G. Knaus (bsr 866)
China, von O. Weggel (bsr 807)
Cypern, von K. Hillenbrand (bsr 837)
Kleines Deutschland-Lexikon, von G. Haensch/A. Lallemand/A. Yaiche (bsr 855)
Djibouti s. Äthiopien
Kleines England-Lexikon, von P. Fischer/G. P. Burwell (bsr 814)
Eritrea s. Äthiopien
Fiji, Samoa, Tonga, von S. Bruno/A. Schade (bsr 854)
Finnland, von W. Albrecht/M. Kantola (bsr 847)
Frankfurt, von C. Kleis (bsr 1193)
Frankreich, hrsg. von G. Haensch/H. J. Tümmers (bsr 831)
Kleines Frankreich-Lexikon, von G. Haensch/P. Fischer (bsr 802)
Griechenland, von H. Eichheim (bsr 877)
Großbritannien, von H. Händel/D. Gossel (bsr 835)
Guatemala, von S. Kurtenbach (bsr 874)
Politisches Lexikon GUS, von R. Götz/U. Halbach (bsr 852)
Hamburg, von E. Eckhardt (bsr 1154)
Hongkong s. Taiwan
Horn von Afrika s. Äthiopien
Indien, von K. Gräfin v. Schwerin (bsr 820)
Indochina, von O. Weggel (bsr 809)
Irland, von M. P. Tieger (bsr 801)
Island, von P. Schröder (bsr 857)
Italien, von C. Chiellino/F. Marchio/G. Rongoni (bsr 821)
Kleines Italien-Lexikon, von C. Chiellino (bsr 819)
Japan, von M. Pohl (bsr 836)
Kleines Japan-Lexikon, von M. Pohl (bsr 861)
Jemen und Oman, von D. Ferchl (bsr 858)
Kanada, von S. Iwersen-Sioltsides/A. Iwersen (bsr 869)
Kenia, von H. Hecklau (bsr 853)
Kolumbien, von G. Dilger (bsr 864)

Korea, von H. W. Maull/I. M. Maull (bsr 812)
Politisches Lexikon Lateinamerika, hrsg. von P. Waldmann/H.-W. Krumwiede (bsr 845)
Madagaskar, von A. Osterhaus (bsr 867)
Madrid, von J. Oehrlein (bsr 1008)
Maghreb: Marokko, Algerien, Tunesien, von W. Herzog (bsr 834)
Marokko s. Maghreb
Mexiko, von K. Biermann (bsr 851)
Mongolei, von A. Schenk/U. Haase (bsr 848)
Politisches Lexikon Nahost/Nordafrika, hrsg. von U. Steinbach/R. Hofmeier/M. Schönborn (bsr 850)
Nepal, von W. Donner (bsr 833)
Neuseeland, von A. Hüttermann (bsr 844)
New York, von G. M. Freisinger (bsr 422)
Niederlande, von J. Schilling/R. Täubrich (bsr 817)
Nigeria, von H. Bergstresser/S. Pohly-Bergstresser (bsr 839)
Nordafrika s. Nahost
Norwegen, von G. Austrup/U. Quack (bsr 828)
Oman s. Jemen
Peru, von E. v. Oerzten (bsr 822)
Philippinen, von R. Hanisch (bsr 816)
Polen, von T. Urban (bsr 875)
Portugal, von G. und A. Decker (bsr 806)
Prag, von C. Bartmann (bsr 1050)
Politisches Lexikon Rußland, von R. Götz/U. Halbach (bsr 856)
Rumänien, von K. Verseck (bsr 868)
Samoa s. Fiji
Schweden, von G. Austrup (bsr 818)
Schweiz, von M. Schwander (bsr 840)
Simbabwe, von M. Pabst (bsr 878)
Slowakei, von S. Vykoupil (bsr 876)
Somalia s. Äthiopien
Spanien, von W. Herzog (bsr 811)
Kleines Spanien-Lexikon, von G. Haensch/G. Haberdamp de Antón (bsr 825)
Südafrika, von M. Pabst (bsr 871)
Taiwan/Hongkong, von O. Weggel (bsr 849)
Thailand, von W. Donner (bsr 862)
Tibet, von K. Ludwig (bsr 824)
Tonga s. Fiji
Tschechien, von J. Burgerstein (bsr 873)
Tunesien s. *Maghreb*
Turin, von M. Knapp-Cazzola (bsr 1019)
Türkei, von F. Sen (bsr 803)
Kleines Türkei-Lexikon, von K. Kreiser (bsr 838)
Ukraine, von E. Lüdemann (bsr 860)
USA, von R. Rode (bsr 843)
Kleines USA-Lexikon, von J. Redling (bsr 826)
Venedig, von G. Salvatore (bsr 1092)
Weißrußland, von D. Holtbrügge (bsr 863)

Verlag C. H. Beck München